Dan Diner
Der Krieg der Erinnerungen und die Ordnung der Welt
Rotbuch Taschenbuch 50

Dan Diner
Der Krieg der Erinnerungen und die Ordnung der Welt

Rotbuch Verlag

1. Auflage 1991

Umschlaggestaltung von Michaela Booth
Konvertierung und Umbruch von Satzinform, Berlin
Druck und Bindung von Wagner, Nördlingen
Printed in Germany.
ISBN 3 88022 060 3

Inhalt

Vorwort

Diesem Text ist der jüngsten Ereignisse wegen nichts hinzuzufügen – außer dem Hinweis, daß er am 16. August 1991, also wenige Tage vor dem mißlungenen Putschversuch in der Sowjetunion abgeschlossen wurde. Von der erfolgreichen Abwehr dieses Unternehmens hat er nichts zu befürchten, außer der Tatsache, daß die zum Verständnis der Wirklichkeit bereitgestellten Begriffe sich schneller mit Leben erfüllen, als es einer theoretischen Antizipation gegeben sein kann. Diese Bemerkung scheint angesichts von Entwicklungen angebracht, die das Ende einer Epoche und ihrer bewußtseinsprägenden Chiffren anzeigen. Die Deutung der Wirklichkeit erfordert eine neue politische Sprache, und diese politische Sprache, ihre Symbolik und Metaphorik, ihre Kategorien und Begriffe dürften in Europa über weite Strecken hinweg durchaus an alte, längst vergangen geglaubte Zeiten anknüpfen. Die Menschen in Mittel- und Osteuropa, von geschichtsphilosophisch begründeten Beschleunigungsversuchen historisch geplagt, annullieren in ihrem Bewußtsein eine Ära, in der alle gesellschaftliche Zeit paradoxerweise gefror. Der allseits empfundene Zeitverlust wird nunmehr kompensiert; und die Kompensation munitioniert sich aus einem Arsenal historischer Erinnerung, das der Stabilisierung von Identitäten wegen recht partikular und im Interesse des jeweiligen Kollektivs selektiv ausgeweidet wird. Anknüpfungen an die Vorvergangenheiten revitalisieren vor allen Dingen das Nationale. Damit ist keineswegs einer bloßen Wiederholung das Wort geredet. Aber die Jahrzehnte, die vom Jahr 1917 ausgehend bis in die Jetztzeit reichten, sind einem Sog der Annullierung ausgesetzt. Welches Bewußtsein sich daraus ergeben mag, wird die Zukunft entscheiden.

Der vorliegende Essay versteht sich als Kritik; eine Kritik an den Bewußtseinsformen, die während des Golfkrieges in Deutschland virulent geworden sind und einen tiefen Einblick in die krisengeschüttelte Befindlichkeit nach der Vereinigung und nach den Umbrüchen in Europa ermöglichen. Und dieser Einblick legt eine historisch orientierte Reflexion nahe, die aus der Perspektive distanzierter Zugehörigkeit wie Nichtzugehörigkeit zum Gemeinwesen der Deutschen gleichermaßen erfolgt. Sie will an aufklärerischen Traditionen der Kritik ebenso festhalten, wie sie die historisch dementierten Anteile behaupteter Kritik kritisiert, an die sich andere weiterhin festzuhalten gedenken, um so den Untergang einer emanzipatorisch behaupteten historischen Tradition nur noch vollkommener zu machen.

Das Panorama einer neuen Welt vor dem Hintergrund einer weitaus älteren antizipierend ausleuchten zu wollen, ist weder Stilmittel noch Versuch, sich aufs neue einer historiosophischen Magie zu begeben. Es ist vielmehr ein als legitim erachteter Zugang, sich der Geschichte zum Verständnis einer zukünftigen Gegenwart insoweit zu bedienen, als sie selbst das Bewußtsein der aktuell Handelnden zu bestimmen scheint. Dabei bleibt dieser Versuch nicht bei europäischen Entwicklungen stehen. Er bezieht anhand der während des Golfkrieges aufgeleuchteten Bewußtseinsphänomene das Verhältnis von Orient und Westen ebenso ein, wie er der Bedeutung Israels breiten Raum gewährt – einem Land, das zwar nicht in Europa, aber doch von Europa ist.

Das Bekenntnis eines Autors, zu seinem Werk gedrängt worden zu sein, mag ungewöhnlich klingen. Doch ohne den sanften Druck des Lektors wäre das Buch nicht verfaßt worden. So gilt Martin Bauer mein Dank. Dank gebührt auch Karin Dietrich, die mich bei der materiellen Vorbereitung und der Textverarbeitung unterstützt hat.

Essen / Tel Aviv — August 1991

Intervention und Territorium – Vorblick in die neue Weltordnung

Kaum hatte das Wort von der »neuen Weltordnung« seine politische Karriere angetreten, wurde es in der Protestöffentlichkeit mit Hohn und Spott bedacht. Solch unbedachte Reaktion mochte angesichts des Golfkrieges mit dem Erschrecken einhergehen, nunmehr stünden gleichsam täglich militärische Interventionen im Interesse des großen Molochs USA weltpolitisch auf der Tagesordnung. Jedenfalls lud die für neu erachtete Wortschöpfung dazu ein, so manche apokalyptische Schreckensphantasie in sie hineinzuheimsen: den Anbeginn einer Ära militärisch ausgetragener Nord-Süd-Konflikte etwa, gewissermaßen die Vertikalisierung des bislang gültigen, horizontal anmutenden Schemas vom Ost-West-Gegensatz – nur noch viel schlimmer.

Eine derart räumlich gefaßte, polarisierte Weltsicht scheint einem Bewußtseinsstand zu entsprechen, der sich trotz aller artikulierten Angst letztendlich bequem in der altgewohnten Manichäik eingerichtet hat und sich durch den welthistorischen Wandel nun gestört wie bemüßigt fühlt, schmerzhafte Revisionen einzuleiten. Doch bleibt dieses Bewußtsein offenbar weiterhin versucht, der Identitätserhaltung wegen mit Klauen und Zähnen alte Grundannahmen zu wahren. Dazu gehört ohne Frage das Schreckgespenst vom Dauerfeind der Menschheit, vom amerikanischen »Imperialismus«. Der Sowjetunion hingegen trauert man nach – wenn schon nicht unbedingt als dem Hort der Utopie, so doch als dem in globalen Machtkategorien gefaßten Gegengewicht zur anderen Supermacht. Die Ver-

schanzung in politische Vertrautheiten enthebt die unablässigen Kritiker der »neuen Weltordnung« jedenfalls der unangenehmen Aufgabe, sich den anbietenden Maßgaben einer neuen Wirklichkeit zu stellen.
Der Reflex, mit dem die Realität und das Wort von der »neuen Weltordnung« derart negativ bedacht wird, gibt zu weitergehenden Überlegungen Anlaß – Überlegungen, die sich nicht mit Begründungszusammenhängen von offensichtlich fehlgeleiteten Realanalysen aufzuhalten gedenken, sondern schnurstracks auf die Vermutung hinaus wollen, daß hier ein tiefsitzendes Ressentiment ausgedünstet werde; ein Ressentiment im übrigen, dessen Wurzeln weit in die deutsche Geschichte zurückreichen und als Versatzstücke des kollektiven Gedächtnisses ungestüm an die Oberfläche drängen.
Vieles hat in der Tat mit Vergangenem gemein. Abonnierte Kritiker Amerikas etwa rückten das Wort von der »neuen Weltordnung« eher böswillig als wirklich überlegt in die Nähe nationalsozialistischer Begriffsbildungen. Aber solche Unverschämtheit im Urteil hat womöglich ein derartigen Assoziationen durchaus angemessenes, historisches Blickfeld freigemacht – mit umgekehrten Vorzeichen freilich. Man mag von bewußt ganz fernliegenden Vorstellungen bedrängt worden sein, Deutschland sei zur Zeit nationalsozialistischer Herrschaft seitens seiner angelsächsischen Kriegsgegner mit Weltordnungsvorstellungen drangsaliert worden, die in diesem Land als fremd und imperialistisch empfunden wurden. Hier ist von der feierlichen Niederlegung des weltpolitischen Programms der Atlantik-Charta von 1941 die Rede. Roosevelt und Churchill verkündeten damals vor Neufundland Prinzipien für die Zeit nach dem Kriege, die – durchdrungen von ihren demokratischen und liberalistischen Glaubensbekenntnissen – eindeutig gegen Deutschland wie auch gegen andere faschistischen, militaristischen und autarkistischen Ordnungsvorstellungen anhängenden Mächte und Kriegsgegner der demokratischen Angelsachsen gerichtet waren.
Um der Tiefenwirkung solcher bis in die Gegenwart nachhallender Traditionsbestände nachzugehen, kann noch weiter in die Geschichte zurückgegriffen werden. So wären etwa die

Vierzehn Punkte des US-amerikanischen Präsidenten Wilson in der Schlußphase des Ersten Weltkrieges als Erinnerungsfragment für das Wort von der »neuen Weltordnung« heranzuziehen. In Wilsons Programm wurden Leitlinien festgelegt, die durchaus dem liberalistischen und universalistischen Credo von Republikanismus, Antidespotismus und Demokratie sowie der Herrschaft des Völkerrechts entsprachen.
Die offenkundigen Anzüglichkeiten, mit denen die Rede von der »neuen Weltordnung« in der Protestöffentlichkeit bedacht wurden, sind also nicht völlig geschichtslos. Damit soll jedoch weder eine ungebrochene Wirksamkeit deutscher Traditionen behauptet, noch eine Realität vermeintlich fortgesetzter Kontinuitäten insinuiert werden. Der Hinweis auf die Geschichtlichkeit mancher Argumentationsstränge in der Protestöffentlichkeit und über sie hinaus dient einzig und allein der Absicht, auf die Widerständigkeit wenig bewußter Erinnerungsmetaphern zu verweisen, deren Herkunft eher unsympathisch ist, jedenfalls kaum zur Identifikation einlädt.
Doch was hat es nun wirklich mit der Rede von einer »neuen Weltordnung« auf sich? Allem Anschein nach und in noch unverbindlicher Vorläufigkeit wird damit nur zum Ausdruck gebracht, daß das Zeitalter der Bipolarität sein Ende gefunden hat. Offenbar wird ihm eine Epoche folgen, die ein anderes Ordnungsprinzip haben wird, als dasjenige des Gleichgewichts des Schreckens. Wie eine solche Ordnung faktisch aussehen soll, steht auch für die Verkünder ihrer Prinzipien noch in den Sternen – selbst wenn ihre Fundamente bereits zu erkennen sind.
Zweifelsohne sind das Ende der Bipolarität und die von ihrem Verfall angestoßenen Entwicklungen äußerst folgenreich. Vor dem verschwindenden Hintergrund des alten Ost-West-Gegensatzes scheint sich der Aufstieg einer einzigen Machtkonzentration abzuzeichnen: die USA triumphieren in einer Welt, in der alles zum Westen wird. Aber dies Szenario fußt auf einer vergangenen Weltbildern geschuldeten Sinnestäuschung. Denn mit dem Untergang der Bipolarität differenziert sich auch der politische Westen weiter aus, zumal klar sein dürfte, daß die USA allein außerstande sein werden, ein sicherheits-

politisches Monopol zu realisieren. Schon der Golfkrieg hat deutlich gemacht, wie sehr die USA internationale Verantwortung aus Gründen ökonomischer Schwäche weiter werden diversifizieren müssen. Auch wenn die USA auf Dauer die einzig ernstzunehmende Militärmacht stellen werden, kann die monopolare Welt sich nur in Richtung eines Kosmos zwischenstaatlicher Konsultationen und Absprachen entwickeln, kurz: zur Welt eines sicherheitspolitischen Multilateralismus.

Eine solche Welt vermag in der Tat keine – zur Bipolarität der Supermächte analog – festen Strukturen auszubilden. An die Stelle klar abgezirkelter Machträume und nuklear bewehrter Blöcke werden »weiche« Ordnungsprinzipien universellen Charakters treten. In Wahrheit haben sie längst begonnen, ihre Wirkung zu tun.

Das vielleicht Erstaunlichste an diesen, der Orientierung im internationalen Kontext dienenden, »weichen« Prinzipien, ist der Umstand, daß sie alles andere als neu sind. Das für die eilfertigen Kritiker so anrüchige Odium des Neuen und Bedrohlichen tragen sie keineswegs. Im wesentlichen wird es sich um zwei Momente handeln, die zur mutmaßlich widersprüchlichen Weltordnungsgrundlage erhoben werden und nach dem Zusammenbruch des Realsozialismus und des die Welt strukturierenden Gegensatzes der Ideologien neuerliche Bedeutung gewinnen: das durchaus altertümliche Prinzip staatlicher Souveränität und Territorialität, sowie das Konzept der universellen Menschenrechte.

Nicht daß diese Prinzipien nicht auch zuvor Geltung erheischt hätten. Bislang waren sie ebenso relevant wie sie es heute sind. Nur wurden beide Momente von jenem globalen Gegensatz überlagert, der die Welt in zwei teilte und ob dieser Zweiteilung alles andere durchdrang. Die zu konstatierende Veränderung liegt also darin, daß mit dem Verfall der bipolaren Weltordnung die ihr historisch vorausgegangenen und in sie eingebauten Grundsteine der traditionellen Staatenordnung wieder stärker hervortreten. Folglich können sie ihre Funktion, nämlich Mindestbedingung zwischenstaatlicher Ordnung zu sein, in einem vielleicht stärkeren Maße wahrnehmen als bislang geschichtlich realisiert. Dabei geht es um die schlichte Tatsa-

che, daß Staaten in ihrer Völkerrechtssubjektivität zur Grundausstattung einer geordneten Welt gehören. Nach dem Wegfall des staatenübergreifenden Gegensatzes der Ideologien treten die Staaten nun wieder als letzte Instanzen von Ordnung und Ordnungsvorstellungen ins erste Glied. Die »neue Weltordnung« bezieht sich also vor allen Dingen auf etwas durchaus altes und – wenn Jahreszahlen symbolische Zäsuren markieren – auf das Jahr 1648, als mit dem Westfälischen Frieden und dem Jus Publicum Europaeum eine auf staatliche Territorialität begründete und sich zunehmend universalisierende Ordnung inauguriert wurde.
Die Universalität der Staatenordnung bringt nun mit sich, daß es keinen staats- und rechtsfreien Raum geben kann und daß aller transnationalen Verflechtung zum Trotz internationale Vermittlungen des Staates bedürfen. Auch Universalität und Internationalität ist auf die Agentur des Staates zu ihrer Durchsetzung angewiesen. Dies wird schon bei den Menschenrechten als grenzüberschreitenden Individualrechten handgreiflich, die zunehmend ins Zentrum der universell zu schützenden Rechtsgüter treten und dabei – wie sich herausstellen wird – nur scheinbar das Prinzip des souveränen und sich über zwei Jahrhunderte hinweg noch nationalisiert habenden Territorialstaates überwinden. Die bleibende Bedeutung des Staates ist insofern evident, als die Menschenrechte ihre Gültigkeit nur im Staate und als Rechte des Deutschen, des Engländers oder des Menschen welcher Nationalität auch immer zu realisieren vermögen. Den Menschen an und für sich, den Menschen als solchen, dem Menschenrechte zuerkannt werden könnten – diesen Menschen gibt es bislang noch nicht. Allein als staatlich geschützte Rechtsperson und damit als Bürger eines partikularen politischen Gemeinwesens gelangt er in den Genuß jener universell behaupteten, jedoch nur nationalstaatlich durchsetzbaren Menschenrechte. Die weltstaatliche Utopie ist eine postulierte, jedenfalls keine historisch vorfindliche Instanz (obwohl auch logisch der Begriff des Staates notwendig erst durch die Existenz eines anderen vorausgesetzt wird). Wie auch immer: der nur schwer gelittene Staat ist trotz zunehmend transnationaler Durchsetzung und internationaler

Integration in letzter Instanz geblieben, was er vornehmlich und in unmittelbarer politischer Hinsicht von Anfang an gewesen ist: die Sphäre physischen Schutzes nach innen wie nach außen. Physischer Schutz wiederum kann nur mittels eines territorialen Rahmens konzipiert werden – der Sphäre symbolischer und im Falle existentieller Not auch effektiver Sicherung. Freilich tritt diese letzte Bedeutung erst im Falle aller Fälle, im Zustand der Ausnahme, zutage.

Daß derart archaisch konstituierte Motive kollektiven Schutzes und individueller Selbstbehauptung sich im Kontext der Weltpolitik wieder in Erinnerung bringen, ist durch den Verfall jener Ordnung angezeigt, die durch den Kalten Krieg abgestützt war. In ihrem zeitlichen Geltungsrahmen wäre eine militärische Auseinandersetzung um Kuwait kaum Wirklichkeit geworden, noch fiele Jugoslawien ethnischer Linien entlang auseinander. Symbol wie Effektivität des Territorialen feiert jedenfalls neuerliche Urstände.

Hier ist nicht der Ort, den Konflikt und Krieg am Golf in extenso zu erörtern. Als Lehrstück auf und Einschnittsereignis für die Wirklichkeitsmacht jener alt-neuen Prinzipien ist er jedenfalls von eindringlicher Durchschlagskraft. Vor allem für das Bewußtsein einer Generation, die vornehmlich nach dem Zweiten Weltkrieg politisch sozialisiert wurde. Die Koordinaten ihrer Wahrnehmung sind wesentlich vom ideologisch begründeten Gegensatz zwischen Ost und West geprägt worden. Deshalb fällt es ihr besonders schwer, die Bedeutung neu aufkommender Konflikte zu dechiffrieren. Entweder neigen die Angehörigen dieser Generation dazu, politische Krisen – wie im Falle Kuwaits – auf Teufel komm raus in das Deutungsschema des alten Gegensatzes einzupassen oder die wenig behaglichen Umstände werden – wie im Falle der ethnischen Zerbröselung Jugoslawiens – einfach ignoriert. Auch hier scheint die Sicherstellung erworbener Identitäten wichtiger als die Auseinandersetzung mit spröder Realität.

Im Falle Kuwaits war man anfänglich baff erstaunt, daß der Erhalt eines für parasitär erachteten Gemeinwesens zu einer solchen internationalen Gemeinsamkeit und Handlungsbereitschaft der Staaten führte. Und diese Gemeinsamkeit umschloß auffälligerweise fast alle Staaten, sowohl diejenigen des ehemaligen politischen Ostens wie des Westens, als auch die Staaten außerhalb der ehemals wirksamen Bipolarität – und dies trotz aller Insinuationen über den Charakter der Auseinandersetzung als »Nord-Süd-Konflikt«.

Der Wegfall der früher gleichsam in rhetorischen Ritualen geschmähten Bipolarität machte den Weg frei zu jenem durchaus eigenständigen Ansinnen des Irak, sich Kuwait durch einen Überfall anzueignen. Es ist also auf einen welthistorischen Einschnitt zurückzuführen, den Wegfall des Ost-West-Konfliktes, der die Komplexität konflikthafter Vielfalt zu reduzieren vermochte, daß sich um Kuwait Krise und Krieg entfalten konnten. Zuvor wäre ein Zusammenstoß dieses Typs kaum denkbar gewesen. Weder hätte der Irak, Klient der Sowjetunion, die an ihn vertraglich gebundene Supermacht in einen Konflikt mit der anderen Weltmacht verwickeln können – die Sowjetunion hätte ein derart sie gefährdendes und abenteuerliches Handeln im Keim erstickt –, noch wären die USA zu einem militärischen Eingreifen in der Lage gewesen, ohne bei Strafe des eigenen Unterganges sich der Logik der nuklear bewehrten Bipolarität zu begeben.

Wie immer auch die weltpolitischen Veränderungen diesen Konflikt bis zum militärischen Austrag hin ermöglicht haben dürften, die bislang ungekannte Solidarität der Staatenwelt im Konflikt um Kuwait hatte seinen prinzipiellen Grund im Faktum einer Staatsvernichtung. Durch die Auslöschung Kuwaits, das von einem Nachbarstaat besetzt und umgehend annektiert wurde, sahen sich alle Staaten in ihrer Existenz getroffen. Für die Staatengemeinschaft – von den unmittelbaren und mittelbaren Nachbarn des Irak vielleicht abgesehen – ging es nicht etwa darum, eine konkrete Gefahr abzuwehren, die vom Irak und seiner Hochrüstung ausging. Das Drohpotential, das ein derartiges Handeln für die Staatengemeinschaft freisetzte, lag vielmehr in dem Umstand begründet, daß nach dem Verfall der bipolaren Weltordnung die letzten Pfeiler zwischenstaatlicher Beziehungen, die nun einmal die Unversehrtheit der territorialen Existenz des Anderen zur Voraussetzung haben, keinesfalls straflos eingerissen werden durften. Am konkreten Falle Kuwaits galt es also ein Prinzip zu verteidigen – das universelle Prinzip der Unantastbarkeit staatlicher Existenz. Praktisch soll der Schwache nicht ständig den Starken fürchten müssen und der Starke sich des Schreckens erwehren, immer und überall im Dienste des Weltfriedens intervenieren zu müssen, um die Mindestbedingungen einer halbwegs überschaubaren und kalkulierbaren Staatenordnung zu erhalten. Im Falle Kuwaits ging es also nicht um Kuwait allein, sondern vielmehr um die Statuierung eines Exempels.

Daß ein Exempel in der Tat nur dort Bedeutung annimmt, wo es auch durch die Wichtigkeit des Objektes gedeckt wird, dürfte trivial sein. Es wäre jedoch ein Irrtum in der Sache, den Ölreichtum des Scheichtums als vordergründiges Motiv für den Einsatz von Gewaltmitteln anzusetzen. Ginge es ausschließlich um Energieressourcen und deren Preis – die Welt mit den USA an ihrer Spitze wäre in der Lage gewesen, mit einem preispolitisch wohlfeil sich gebenden Saddam Hussein in Kürze und in aller Einvernehmlichkeit zu einer Einigung zu gelangen. Aber weder stellt sich der Ölpreis derart unmittelbar und interessenspolitisch her, noch sollte er als ultima ratio politischen Handelns analytisch überstrapaziert werden. Wer derart ölfixiert Handlungsoptionen der Politik herzuleiten geneigt ist, ignoriert das Umfassendere: die ordnungspolitischen Implikationen einer gewalttätigen Annexion in einer weltpolitischen Epoche des Übergangs.

Ein Etatozyd ist kein Kavaliersdelikt in der auf Staaten angewiesenen Weltgemeinschaft. Wo ein Staat regelrecht ausgelöscht wird, ist die Existenz aller Staaten symbolisch tangiert. Und die Reaktion der Staatengemeinschaft wird letztendlich in jener Gestalt erfolgen, für die sich der Staat als Staat das Monopol ausbedungen hat: im Modus militärischer Gewalt.

Neben Gründen universeller Art traten im Falle Kuwaits weitere Bedingungen hinzu, welche die Anwendung militärischer Gewalt fast unausweichlich machten. Die Rede ist von der regionalen Konstellation, in die Husseins Annektion eingriff. So ist zu bedenken, daß in der Region des Vorderen Orients fast kein Gemeinwesen außer Ägypten eine solide Staatsstruktur vorweist. Die meisten Staaten sind höchst fragile und schüttere

Gebilde, ethnisch und religiös heterogen, von Minderheiten lokalen oder heterodoxen Charakters beherrscht und von einem klientelistischen Netz politisch und sozial mehr oder weniger mühsam zusammengehalten. In ihrer territorialen Ausdehnung sind sie wesentlich Ergebnis des Ersten Weltkrieges – eine Tatsache, die nationalistisch Gesinnte dazu verleitet, im Rückgriff auf höhere Prinzipien bestehende Grenzziehungen zu delegitimieren, indem sie als künstliche Produkte des Kolonialismus und Imperialismus denunziert und dabei jeweils zum alleinigen Nachteil des Nachbarn in Frage gestellt werden. Doch wie »künstlich« die jeweiligen Grenzen auch zustande gekommen sein mögen, die staatlichen Artefakte haben ihre Wirkungsmacht inzwischen entfaltet und stellen eine symbolisch relevante Sicherung nach außen hin dar. Und sollte hinsichtlich einer beabsichtigten Grenzveränderung, einer staatlichen Vereinigung oder über Verbindungsbegehren welcher Form auch immer keinerlei Einigung zu erzielen sein, dann führen Grenzveränderungen oder einseitig vollzogene Vereinigungen, und seien sie noch so gut antikolonial begründet, mit einer gewissen Zwangsläufigkeit zur Anwendung von Gewalt. Denn militärische Existenzsicherung ist nun einmal das letzte Mittel der Wahl.

Die Wiederherstellung der kuwaitischen Souveränität ist mithin kein Geschenk der internationalen Gemeinschaft an die Familie as-Sabah. Auch ist den Kanzleien westlicher Regierungen und Exekutivorganen internationaler Organisationen keine besondere Hingabe an traditionelle Regime nachzusagen, wobei angemerkt sei, daß Kuwait trotz der Einrede derer, die dem Irak wegen seines vordergründig republikanischen Regimes einen Fortschrittsbonus zubilligen, zu den aufgeklärteren Regimen in der arabischen Welt zählt. Im Vergleich genoß die Presse relative Freiräume und arabische Exilanten konnten sich dort vor Nachstellungen ihrer jeweiligen Regimes halbwegs sicher fühlen – sicherer jedenfalls als im despotischen Irak, der angesichts der verhaltenen Solidarität, die ihm allentweilen, wiewohl aus sicherer Entfernung, entgegenschlug, streckenweise als Ausbund einer idealen Staatsordnung erschien.

Indes sind Unterschiede innerer Ordnung für die äußere Dimension staatlichen Verhaltens kaum von Bedeutung. Was gilt, ist einzig und allein das Sanctuarium der Territorialität eines Gemeinwesens. Die Eingrenzung auf die äußere Dimension eines Staates mag man bedauern oder gutheißen, sie positiv als Prinzip der Nichteinmischung heiligen oder als Aufforderung zur Gleichgültigkeit beargwöhnen, seit der Beendigung europäischer Konfessionskriege und der Ausbildung des modernen Völkerrechts hat aller interventionistischer Versuchungen und transnationaler Realitäten zum Trotz der Territorialstaat seine Bedeutung als ein den Frieden privilegierendes Ordnungsprinzip bewahrt.
Die Wirksamkeit dieses Prinzips setzte sich auch, zum Mißfallen der Gegner Saddam Husseins und seines Regimes, in der Endphase der militärischen Auseinandersetzungen durch. Wie immer die Entscheidung, die irakischen Streitkräfte in den Bodenkämpfen nicht gänzlich zu zerschlagen, zustande gekommen ist, das Moment der regionalen Stabilität und die dafür unabdingbare Erhaltung der territorialen Integrität des Irak wird prominent mitbedacht worden sein. Zwar galt es dabei die Kröte Saddam Hussein zu schlucken und seine Person im Irak an der Macht zu belassen, doch war man offenbar bereit, diesen Preis zu zahlen, um die völlige territoriale Desintegration des Staates in Mesopotamien zu verhindern.
Das Drama und die Tragik der irakischen Bevölkerung, vor allem der von der Macht ausgeschlossenen Kurden und Schiiten, die nun weiter mit dem Despoten werden leben müssen, ist in der besonderen vom Baath-Regime gestifteten Verschmelzung des staatlichen Gemeinwesens, der politischen Ordnung und der Person Saddam Husseins begründet. Über zwei Jahrzehnte lang ist es dem Regime mittels einer zentralisierenden, klientelisierenden und einzig auf die Person des Despoten zugeschnittenen Ordnung gelungen, eine Lage herbeizuführen, in der Saddam Hussein zu Recht von sich behaupten kann, der Staat zu sein. Durch die dabei entstandene Polarisierung zwischen den unterschiedlichen ethnischen und religiösen Gruppen sieht sich der sunnitische Teil des Irak vor die Alternative gestellt, den Despoten entweder zu unterstützen, oder als die

beherrschende Bevölkerungsgruppe mit ihm zumindest politisch unterzugehen. Eine vergleichbare, wenn auch anders geartete Struktur liegt übrigens auch im multiethnischen und multireligiösen Syrien vor, wo sich die alawitische Minderheit im Herrschaftsapparat derart monopolistisch durchzusetzen vermochte, daß Wohl und Wehe des Regimes zum Schicksal dieser heterodoxen Minderheit geworden ist.

Auf den Irak bezogen bedeutet dies, daß Saddam Hussein ohne desaströse Folgen für das gesamte Gemeinwesen, die territoriale Integrität des Irak und die Stabilität in der Region nur von innen, genauer noch: vom innersten Inneren her hätte beseitigt werden können. Und vom innersten Inneren her heißt angesichts der besonderen Herrschaftskonstellation des Irak nicht etwa formell innerstaatlich, kraft eines ausschließlich kurdischen Aufstandes oder schiitischen Aufbegehrens, sondern meint das entschlossene Handeln aus dem Kernbereich des Regimes – aus der unmittelbaren und unter Umständen gar dem engeren Familienkreis Saddams zuzurechnenden Umgebung. Da eine wirkliche Integration der verschiedenen ethnischen und religiösen Gruppen im Irak fehlt, würde die Widerständigkeit ausschließlich einer Bevölkerungsgruppe leicht zu einer Desintegration des Gemeinwesens führen, ja sie hätte im Falle des Erfolgs sehr schnell die Bildung eines eigenen politischen Gemeinwesens zur Folge. So könnte die Autonomieforderung der Kurden entgegen aller Absichtserklärungen wegen der zentrifugalen Bewegungsrichtung des kurdischen Begehrens am Ende in eine Sezession münden.

Durch militärische Selbstbeschränkung hat die alliierte Koalition am Golf zu verhindern gewußt, daß die Mittel, die zur Wiederherstellung der Territorialität Kuwaits angewandt wurden, die Integrität des Iraks zerstören. Ein in sich zerfallender Irak hätte ein Machtvakuum geschaffen, das sofort begehrliche Ansprüche seiner Nachbarstaaten auf sich ziehen würde. Die Libanonisierung des Landes wäre die unmittelbare Konsequenz gewesen – mit dem Unterschied, daß der Libanon seiner Größe wie Bedeutung wegen für die internationale Gemeinschaft trotz des dort bis dato herrschenden Schreckens, eine durchaus vernachlässigbare Komponente darstellt. Schon vor

Kriegsausbruch reagierte die Türkei auf die Anmaßung seines Nachbarlandes, Kuwait zu annektieren, mit traditionell begründeten, aus der osmanischen Epoche hergeleiteten Ansprüchen auf den Norden Iraks. Der sich vor allem in der Grenzfrage mit Kuwait antikolonial gebärdende Irak erfreut sich schon jahrzehntelang ehemals türkischer Gebiete aus der Ölregion um Mosul, die von den Briten, der Mandatsmacht des Irak, für das neue Gemeinwesen vereinnahmt wurden. Im Unterschied zur doppeldeutig argumentierenden Türkei erklärte sich der Iran hinsichtlich irakischer Gebiete zwar immer wieder für saturiert – aber auf Reaktionen angesichts gesteigerter und fortgesetzter Unterdrückung aufständischer Schiiten durch das Bagdader Regime zu verzichten, dürfte dem revolutionären Iran bei aller sich selbst auferlegten Zurückhaltung äußerst schwer fallen; und dies, obschon die arabischen Schiiten im Südirak offenkundig alles andere wünschen als vom Iran vereinnahmt zu werden.
Wie auch immer: Die Aufrechterhaltung der territorialen Integrität des Irak und mit ihr die Einstellung der Kämpfe seitens der Vereinigten Staaten lassen sich als Ausfluß jenes Prinzips interpretieren, das nicht zuletzt zur Intervention der Weltgemeinschaft gegen das Bagdader Regime führte: des Prinzips der territorialen Integrität der Staatenwelt, das zugleich die sowohl materielle wie auch symbolische Bedingung jedweder staatlichen Ordnung ist, die im Frieden ihr höchstes Gut erblickt.
Daß dem Prinzip der Stabilität Vorrang vor der Einwirkung auf die inneren Verhältnisse eines Gemeinwesens von außen her gewährt wird, mag im Einzelfalle schwer verkraftbar und im Extremfalle auch nicht durchzuhalten sein. Doch auch im Extremfall dürfte dem äußeren Zugriff auf die inneren Verhältnisse eines anderen Gemeinwesens die massive Störung der äußeren Ordnung durch eben jenes Gemeinwesen vorausgegangen sein. Der Fall Hitlerdeutschland liefert hierfür ein bedeutsames Beispiel. Wie wichtig die unbeschädigte Territorialität eines Staates selbst für eine Bevölkerung, die unter einem despotischen Regime darbt, ist, beleuchtet die Erwägung, daß eine internationale Initiative zur Lockerung bedrückender Zu-

stände in einem territorial und institutionell gefestigten Gemeinwesen weitaus erfolgversprechender sein dürfte als unter den anarchischen Bedingungen einer Situation, in der das Prinzip der Territorialität auf bürgerkriegsähnliche Weise aufs neue etabliert werden müßte.

Nach dem Verfall des Ost-West-Gegensatzes und nach dem Krieg um Kuwait wird das Völkerrecht nicht deshalb zum Thema, weil der »Imperialismus« ein besonders perfides Verschleierungsmanöver internationaler Macht betreibt, wo unter dem Deckmantel hehrer Prinzipien mittels Gewalt weiterhin Ungleichbehandlung exekutiert würde. Das Völkerrecht rückt vielmehr ins Thema, da mit dem Ende der ordnungsstiftenden Bipolarität das zuvor schon gültig gewesene Geflecht aus Normen und Prinzipien in gar nicht zu überschätzendem Ausmaß aufgewertet wird. Davon sind selbstverständlich auch internationale und völkerrechtlich verankerte Institutionen wie die Vereinten Nationen betroffen, die bislang – eigentlich seit ihrer Gründung im Jahre 1945 – durch den Kalten Krieg bzw. durch das den ständigen Mitgliedern des Sicherheitsrates zustehende Veto in ihrer friedensstiftenden und streitschlichtenden Funktion paralysiert waren. Heute können sie wieder ihrer ursprünglichen Aufgabe gerecht werden, den Willen aller – jedenfalls fast aller – artikulieren und ihm durch Rechtsmittel Geltung verschaffen.

Doch wie universell ist das Völkerrecht? Können die verschiedenen Staaten und Kulturen gemeinsamen Ausdruck in einem umfassenden und allgemeingültigen Normengeflecht erfahren? Auf solche Fragen wird anhand der Besonderheiten islamischer Zivilisation in ihrem Verhältnis zum Westen später noch einzugehen sein. Zunächst tun sich im Völkerrechtsverständnis auch diesseits fremder Kulturzusammenhänge Unterschiede der Interpretation auf – etwa der Unterschied zwischen europäisch-kontinentaler und angelsächsischer Völkerrechtstraditionen, ganz zu schweigen von der spezifisch nordamerikanischen. Die apostrophierte Differenz bezieht sich insbesondere auf zwei ordnungspolitisch gegenstrebige Faktoren: das Moment der Intervention in die wirklichen oder nur vermeintlich inneren Angelegenheiten des jeweils anderen

und das Moment der säkular geheiligten Territorialität souveräner Staaten.
Implizite wurde die klassisch europäische Staats- und Völkerrechtstradition bereits in Anschlag gebracht. Ihre konstitutive Prägung hat sie während der frühneuzeitlichen Konfessionskriege erfahren. Von dieser Zeit an war den sich ausbildenden Territorialstaaten das Überlebensmotiv der Nichteinmischung imprägniert. Bei Strafe des eigenen Untergangs hatten sie sich den inneren Verhältnissen ihres Nachbarn gegenüber strikt agnostisch zu verhalten. Dabei war das Prinzip der Gleichgültigkeit hinsichtlich des Tuns oder Lassens jenseits der Grenze nach den – modern gesprochen – ideologischen Konfessionskriegen tatsächlich ein Prinzip des Friedens. Einmischung galt als ein Anschlag auf die sich langsam ausbildende internationale Ordnung. Cuius regio – eius religio.
Abgesehen von zwei welthistorisch überragenden Einschnitten, bei denen ideologische Einstellungen vorübergehend das Primat über die territorial fundierte Staatenordnung gewannen, blieb das Prinzip der Nichteinmischung in die inneren Angelegenheiten anderer Staatswesen bis auf unsere Tage unangetastet. Nur die Französische Revolution 1789 und die Oktoberrevolution 1917 setzten es außer Kraft. Nicht zuletzt in Reaktion auf den absolutistischen Zusammenschluß der europäischen Mächte zur Niederwerfung der Revolution, folglich auch im Kampf gegen die Wiederherstellung des Ancien régime, exportierten die französischen Revolutionäre das Prinzip der Volkssouveränität und die Idee der Menschenrechte. So wurde die säkulare Heiligkeit der Territorialität und der Nichtintervention gewaltförmig verletzt. Analoges geschah im Gefolge des russischen Umbruchs mit seinem weltrevolutionären Anspruch. Auch hier fand sich das territoriale Moment staatlicher Abgrenzung und Nichtintervention im Namen des universellen und sozialen Prinzips der klassenlosen Gesellschaft und des proletarischen Internationalismus durchbrochen. Die Verletzung des Territorialprinzips war in beiden Fällen nicht von langer Dauer. Der Wiener Frieden stellte 1815 die alte Ordnung von Territorialität und Nichtintervention wieder her – wahrlich ein Paradoxon, zumal die sogenannte »Heilige Allianz« ihrem

Wesen nach nichts anderes als die Intervention zugunsten des Status quo ante bedeutete. Über diese Natur des Bündnisses wurden die bürgerlichen Revolutionäre in Mitteleuropa spätestens durch die Ereignisse des Jahres 1848 aufgeklärt.

Die Wiederherstellung der klassischen Staatenordnung in Europa durch den Wiener Kongreß ist mit dem Rigaer Frieden von 1921 durchaus vergleichbar. Dort hatte die junge Sowjetunion auf ihre Interventionsansprüche im Sinne der propagierten Weltrevolution zu verzichten, indem sie die Territorialität ihrer westlichen Nachbarstaaten anerkannte. Die Parole vom »Sozialismus in einem Land«, die ihrem Gehalt nach eine Verzichterklärung auf die Ausweitung der Revolution über die Grenzen Rußlands hinaus darstellt, geht in der Tat noch auf Lenin und nicht – wie immer wieder behauptet wird – erst auf Stalin zurück. Schon damals kehrte die Sowjetunion von den weltrevolutionären Zielen zum staatskonstitutiven Prinzip der Territorialität und zur Unverletzlichkeit der Grenzen zurück und nicht erst mit ihrem Eintritt in den Völkerbund 1934 – jenem Jahr, als Deutschland unter den Nazis die Liga verließ.

Praktische Gründe für den Übergang von der ideologisch begründeten Intervention zum territorial gestützten Status quo-Denken gibt es zuhauf. Und die geschichtsrelevanten Einschnitte können je nach Gusto gezeichnet werden. Dies ändert nichts an dem beständigen Spannungsgefüge, in dem Territorialität und Intervention in jeweils historisch unterschiedlicher Dichte alternieren.

Ein solches Spannungsverhältnis ist vor allem im Verhalten und Selbstverständnis der Vereinigten Staaten von Amerika zu beobachten, einer bürgerlich-konservativen Macht, die auf eine revolutionäre Tradition zurückverweist. Schon die Umstände ihrer Geburt evozieren ein verfassungspatriotisches Selbstverständnis. Nicht die Nation als politisierte Ethnie steht im Zentrum des amerikanischen Wertekosmos, sondern politische und gesellschaftliche Ordnungsvorstellungen. Aus einer im Prinzip grenzenlosen kolonialen Ansiedlung hervorgegangen, war das Moment der Territorialität in den USA, denen die Phase des europäischen Absolutismus erspart blieb, niemals groß geschrieben worden. In der Tat ist »Amerika« eigentlich kein klassischer Territorialstaat europäischer Tradition. Selbstredend behaupten die Vereinigten Staaten ein Territorium, über das sie ebenso eifersüchtig wachen wie ein jeder andere Staat auch. Aber ihr Staatsverständnis wird von Vorstellungen geprägt, die in ihrer Universalität die strikte Territorialität anderer politischer Gemeinwesen durchdringen.

Die Amerikaner neigen aufgrund ihres antietatistischen Staatsverständnisses dazu, den Staat im Unterschied zur europäischen Tradition als bloßen Verfassungsrahmen für gesellschaftliche Prinzipien zu erachten, die ebenso universell wie amerikanisch angelegt sind. Dazu zählt eine liberalistische Wirtschaftsordnung, eine republikanisch verfaßte Demokratie, ein trotz isolationistischer Phasen auf einen ungeteilten Weltmarkt hin orientiertes und über die Staatsgrenzen ausgreifendes ökonomisches Verhalten, und – last not least – die universalistisch gerichtete Ausbreitung der Menschenrechte.

Die historische Besonderheit Amerikas und seiner politischen Philosophie in ihrer Abweichung von der europäischen Entwicklung ausführlich darzulegen, würde die dem Genre des Essays gesetzten Grenzen mißachten. Für den aktuellen Zweck muß der Hinweis genügen, daß die Vereinigten Staaten von ihrer Entstehungsgeschichte her, darin dem revolutionären Frankreich und bolschewistischen Rußland keineswegs unähnlich, wenn auch praktisch gegensätzlich orientiert, eine Macht durchaus interventionistischen Charakters sind. Diese Besonderheit verweist darauf, daß die Vereinigten Staaten zwei Aspekte ihrer Entstehungs- und Wirkungsgeschichte zu einem politischen Glaubensbekenntnis verdichtet haben. Zum einen sind sie ein, wenn nicht das Einwanderungsland. Zum anderen hängen die USA einem ausgesprochen institutionen- und wertebezogenen Geschichts- und Politikverständnis an, das zutiefst von ihrer eigenen Bürgerkriegserfahrung geprägt ist.

Zuerst zum Motiv der Einwanderung. Die Immigration hat die Ausbildung einer Abwehrhaltung Europa gegenüber nach sich gezogen, einen Vorbehalt gegenüber jenem alten Kontinent, aus dem die Mehrzahl der Amerikaner und ihre Nachkommen abstammen und den ihre Vorfahren nicht aus Lust und Laune,

sondern weitgehender Entbehrungen wegen haben verlassen müssen. Sie waren anfänglich auf der Suche nach einem Bereich der Toleranz außerhalb religiös homogenisierter Gemeinwesen. Später traten politische, soziale und ökonomische sowie andere Gründe hinzu, die mit dem im europäischen 19. und 20. Jahrhundert sich durchsetzenden Prinzip der Nationalität in Verbindung standen. Amerika konstituierte sich mithin als Gegenwelt zu Europa. Die Totalität der ethnisch grundierten Nation ist ihm fremd. Es herrscht ein Patriotismus der Werte.
Diese Werte finden sich wiederum mittels bürgerkriegsartiger Praxis verbreitet – bis hin zu einem grenzüberschreitenden Interventionismus. Müßig darauf hinzuweisen, daß »Amerika« selbst aus einem Werte- oder Bürgerkrieg erwachsen ist. Und dabei ist nicht bloß der amerikanische Bürgerkrieg Mitte des 19. Jahrhundert zwischen Süd und Nord – sicherlich das Zentralereignis für das amerikanische Selbstverständnis – gemeint, sondern auch der Unabhängigkeitskrieg gegen das englische Mutterland der Kolonisten, die – weil nicht im Parlament zu London repräsentiert – anfänglich nur beabsichtigten, die Steuerzahlungen an den König zu verweigern. Auch der Erste Weltkrieg stellte für die USA und ihren idealistischen Präsidenten Wilson so etwas wie einen Wertekrieg dar, der die Welt für die Demokratie sicher zu machen hatte.
Die USA stehen also für einen zwar immer wieder sich isolationistisch einkapselnden Interventionismus – aber für einen Interventionismus, der sich als Inkarnation liberalistischer Freiheit in ideologischer Gegnerschaft zur Idee der buchstäblichen Gleichheit versteht. Der Hinweis darauf, die von den Vereinigten Staaten vertretenen und universalistisch gefaßten politischen Prinzipien seien bloßer Ausfluß einer liberalistischen ökonomischen Präferenz, ist ebenso wahr wie trivial. Auch Gegenteiliges ließe sich anführen – etwa der Umstand, daß die im Prinzip für einen offenen und freien Weltmarkt eintretenden USA während unterschiedlicher Phasen ihrer Geschichte ständig gegen ihre erklärten Werte verstießen, falls es zu ihrem Vorteil war. Doch all diese Einschränkungen machen die Hauptsache nicht unwahr.
So handelten sie erst dann freihändlerisch, als sie um die Jahr-

hundertwende den europäischen Produktivitätsvorsprung eingeholt und industriell führend geworden waren. Damit ist zudem der Zeitpunkt benannt, an dem die Vereinigten Staaten ihr historisch tradiertes antikoloniales Credo mit einer ökonomisch abgestützten, antikolonialistischen Politik verbanden. Es ging damals um die Aufgabe, den Protektionismus der europäischen Kolonialreiche aufzubrechen und Zugang zu den jeweiligen präferierten Märkten mittels freihändlerisch inspirierter, politischer Prinzipien für alle und damit eo ipso auch für sich selbst zu öffnen. Ein solches Prinzip kommt etwa in der von den USA um die Jahrhundertwende lancierten Doktrin der »Offenen Tür« zum Ausdruck. Nach dem amerikanisch-spanischen Krieg formulierte diese Doktrin das Interesse, den chinesischen Markt dem politischen Zugriff klassischer Kolonialmächte und ihrer Politik der geschlossenen Handelsräume zu entziehen. Allen sollte gleicher Zugang gewährt werden. Daß die territoriale Unversehrtheit Chinas wenigstens vorübergehend erhalten werden konnte, ist als ein Nebenaspekt dieser Prinzipienpolitik festzuhalten, der bei ihrer Beurteilung nicht vernachlässigt werden darf. Einer territorialen Fledderung kolonial erfaßter Länder wurde somit wenigstens dem Prinzip nach ein Riegel vorgeschoben.
Analoges sollte sich im Fernen Osten mit dem Jahre 1931 wiederholen, als das raubimperialistische Japan die Mandschurei militärisch unterwarf, um sie als quasi unabhängigen Klientelstaat minderer Rechtspersönlichkeit, d.h. als Kaiserreich Mandschuko, seiner autarkistischen Sphäre einzuverleiben. Daraufhin verkündeten die USA die nach ihrem damaligen Außenminister benannte Stimson-Doktrin. In ihr wird die amerikanische Politik der Nichtanerkennung von Annexionen prinzipiell niedergelegt. Selbstverständlich sind dabei »Interessen« im Spiel. Aber es gibt Interessen und Interessen, wie es Imperialismen und Imperialismen gibt – und der Unterschied ist häufig ein Unterschied ums Ganze. Der Unterschied zwischen dem historischen Imperialismus der Japaner und dem der Amerikaner mag es auch dem politisch Blinden offenbaren; wobei hier vom nationalsozialistischen Deutschland noch gar nicht die Rede ist.

Die territoriale Integrität anderer politischer Gemeinwesen fand sich also indirekt seitens der USA garantiert. In der Tat sollte verhindert werden, daß sich andere Mächte ein jeweils umstrittenes Gebiet physisch einverleiben und es autarkistisch kraft einer Politik geschlossener Binnenmärkte dem Weltmarkt entziehen. Mit der Politik des Autarkismus ging gemeinhin die Anwendung von Gewalt gegenüber rohstoffreichen und schwächeren Nachbarn einher – wobei sich die Gewaltausübung raubimperialistischer Staaten kompensatorisch jener ökonomischen Vorteile zu versichern gedachte, die mittels liberalkapitalistischer Prinzipien des Äquivalententauschs nicht in diesem Umfang zu erwirken gewesen wären. So mochten die USA in einem abstrakten und ökonomischen Sinne durchaus imperialistisch sein. Die Staatlichkeit und damit die Territorialität anderer erkannten sie jedenfalls als Bedingung jener Freiheit an, die mit der Teilhabe am Weltmarkt gleichsam organisch verbunden ist.

Solche Wertvorstellungen hielten die USA keineswegs davon ab, in die inneren Angelegenheiten anderer zu intervenieren, sobald Regime oder gesellschaftliche Systeme zu destabilisieren waren, die den Prinzipien der Freiheit ökonomischer Offenheit und des von ihnen vertretenen liberalistischen Universalismus nicht entsprachen. Solcher in spezifischen Wertvorstellungen fundierter Interventionismus muß nicht unbedingt – wie in manchem Extremfall – auf das Instrument subversiver Aktionen zurückgreifen. Es reicht völlig aus, wenn die USA ihrem außenpolitischen Prinzip der Nichtanerkennung von Regierungen folgt. Diese Praxis unterscheidet sich wesentlich von der alteuropäischen Tradition einer ausschließlichen Anerkennung von Staaten. Es ist dieser vermeintlich kleine Unterschied zwischen der Anerkennung bzw. Nichtanerkennung von Regierungen, in dem der interventionistische Gehalt amerikanischer Politik beschlossen sein kann.

Die USA gelten also als Macht, die aufgrund ihrer universell gerichteten Prinzipien dazu neigt, die territorialen Abgrenzungen zu überschreiten, ohne dabei die Territorialität des jeweiligen Gemeinwesens verletzen zu müssen. Erheblich ist hier eine Nuance: die abstrakte, durch ökonomische Prinzipien vermittelte »Intervention« des Weltmarktes in die »inneren Angelegenheiten« des jeweiligen Gemeinwesens erfolgt vorbehaltlich seines territorialen Erhalts. Insofern ähneln die USA in ihrem universalistischen Anspruch – wenn auch als bürgerlich-konservative Machtinstanz – dem grenzüberschreitenden Universalismus einer Französischen oder Russischen Revolution. Solcher Imperialismus – wenn jener Begriff historisch überhaupt noch einen Sinn macht, zumal er doch nichts anderes bezeichnen will als Vorteile, die aus dem Produktivitätsgefälle gezogen werden – wirkte sich faktisch antikolonial aus. Und dies machten sich nationale Befreiungsbewegungen in der Ära der Dekolonisierung durchaus zu Nutze. Nicht ohne Grund hat Ho-Tschi-Min Ende der vierziger Jahre die Verfassung Nordvietnams der amerikanischen bis in einzelne Formulierungen hinein nachgezeichnet. Umgekehrt blieb die Verärgerung klassischer Kolonialmächte über die Politik der USA nicht aus, insoweit sie darauf zielte, England und mehr noch Frankreich zur Aufgabe ihrer Kolonialreiche zu bewegen. Diese Haltung der Vereinigten Staaten sollte sich allerdings verflüchtigen, sobald der Antikolonialismus nationaler Befreiungsbewegungen sozialrevolutionäre Perspektiven entwickelte. Dadurch wurden die nationalen Befreiungsbewegungen potentielle Bündnispartner der Sowjetunion, also durch die globale Rivalin der USA tatsächlich alimentiert oder von den Amerikanern oftmals paranoisch mit ihr in Verbindung gebracht. Vor allem die Umwälzung in China 1949 galt als dramatischer Wendepunkt.

Die erst im Nachhinein so genannte »Dritte Welt« hat die Sowjetunion relativ spät entdeckt. Zunächst eher widerstrebend gab deren etwaige Bündnisrelevanz und ihre das Übergewicht des Westens geostrategisch neutralisierende Wirkung schließlich den Ausschlag für sowjetische Unterstützungen. Sie war zum Faktor im globalisierten Kalten Krieg avanciert. Im vormals kolonialisierten Raum galten die USA – nicht ohne Grund – mittlerweile auch als Agent des Imperialismus.

Jener Konflikt, der eine geschichtliche Wende insoweit markiert, als er das Einsetzungsereignis der neuen Weltordnung darstellen dürfte, der Konflikt um Kuwait also, konfrontierte die USA und die um sie gescharte Weltgemeinschaft mit einem

Dilemma, das seiner Natur nach auch andernorts wiederholbar ist. Anfangs angetreten, die territoriale Integrität Kuwaits wiederherzustellen, war es der versammelten Militärmacht aufgegeben, bei ihrem Vorgehen den territorialen Zusammenhalt des Irak nicht zu gefährden. Und gefährdet schien der territoriale Zusammenhalt durch jene, die sich angesichts der auf den ersten Blick geschwächt scheinenden sunnitischen Führungsschicht des Irak anschickten, die Gelegenheit beim Schopfe zu ergreifen und ihre ihnen ständig vorenthaltenen individuellen Menschenrechte wie ihre kollektiven Gruppenrechte zu sichern: die Kurden.

Mit der Gefährdung des staatlichen Zusammenhaltes im Reiche Saddam Husseins ist keine irakische Besonderheit angesprochen. Es handelt sich vielmehr um ein verallgemeinerbares Phänomen, das auch und gerade angesichts des Zerfalls von übernational konstituierten imperialen Gemeinwesen und Staaten konflikthafte Aktualität besitzt. Kollektive Gruppenrechte und Autonomiebestrebungen neigen nun einmal dazu, in die Forderung nach nationaler Selbstbestimmung zu mutieren. Damit werden sie zum Motor territorialer Desintegration. Im Falle der Kurden im Irak stießen zwei Imperative aufeinander: die Forderung nach einer Herbeiführung humaner Lebensumstände auf der einen und diejenige der Sicherstellung territorialer Integrität des Irak auf der anderen Seite. Ordnungspolitisches Status quo-Denken und menschenrechtsorientierter Interventionismus standen einander entgegen. Stellt man das Faktum, daß die Potentiale für solche Minderheitenkonflikte weit verbreitet sind, ebenso in Rechnung, wie den durch das Ende des Kalten Krieges initiierten Prozeß eines Staatenverfalls, dann liegt eine Vermutung nahe. Dilemmata des beschriebenen Typs werden sich mit hoher Wahrscheinlichkeit in der Zukunft vervielfachen.

Doch nicht nur die USA, auch andere Mächte meiden gewöhnlich Interventionen in Volksgruppen- und Nationalitätenkonflikte. Verständlicherweise Status quo orientiert, setzten sie vielmehr auf den Erhalt bestehender territorialer Einheiten und geizen zumeist mit der Anerkennung von Gemeinwesen, die aus Sezessionen hervorgehen. Auch der humanitäre Interventionismus der USA und ihrer Bündnispartner im Nordirak stellt eine eher unpolitische Ausnahme dar. Obendrein war er von der ständigen Sorge begleitet, in Volksgruppenkonflikte hineingezogen zu werden, deren Lösung historisch aussichtslos erscheint. Die großen Mächte wollen in einer Ära eskalierender nationaler Konflikte auf alle Fälle niedriges Profil wahren. Des Prinzips der Stabilität umwillen sind sie eher geneigt, einer wenig gelittenen Regionalmacht Friedensfunktion zu übertragen – etwa den durch zwischenethnische Konflikte zerrütteten Libanon der außengeleiteten Hegemonie Syriens zu überlassen – als chronische Desintegration mit all ihren unabsehbaren Folgen hinzunehmen.

Der Verfall des Realsozialismus, eines nunmehr als gescheitert zu betrachtenden historischen Entwurfes, der das Gesellschaftliche und nicht das Nationale in den Kernbereich des Weltverständnisses rückte, hat die Pandorabüchse nationaler und zwischenethnischer Konflikte geöffnet. Konflikte, die eher für die Zwischenkriegszeit Europas typisch gewesen sind als für die Zeit danach, erfahren eine ungeahnte Renaissance. Sie waren durch die rationalisierende Wirkung des Kalten Krieges und nicht zuletzt durch unmittelbaren Zwang in eine Scheinruhe versunken, die heute in geradezu nachholender Wirkung ihren Tribut einfordert. Die Ereignisse in Jugoslawien dürften den Todesreigen nur anführen, der im Bereich der zerfallenden Sowjetunion dräut.

Der Untergang, der vor allen Dingen durch den gesellschaftlichen Gegensatz zwischen Freiheit und Gleichheit bestimmten Weltordnung der Bipolarität hat nicht nur die Wirklichkeit selbst, sondern auch ihre Deutungsbezüge fundamental revolutioniert. Legitimationen, die sich dem Nationalen verschreiben, stehen in Konjunktur. So feiert auch das »Recht auf nationale Selbstbestimmung«, mit dem Ende des Ersten Weltkrieges zu einem nur wenig befragten Ordnungsprinzip erhoben, im Bewußtsein der Menschen Europas blutigen Urstand. Dabei scheint es unerheblich, ob ein derart demokratisch gemeinter, jedoch ethnisch grundierter Anspruch auf staatliche Unabhängigkeit archaische und atavistische Komponenten in der Selbstdefinition verlebendigt und sie überdies politisiert. Auf alle Fälle zieht das im demokratischen Kleid daherkommende Prinzip ethnischer Zugehörigkeit den Ausschluß all jener aus sich neu konstituierenden Gemeinwesen nach sich, die ihrer Herkunft nach anders bestimmt sind oder als solche bestimmt werden. Soweit ein Gemeinwesen von vornherein ethnisch homogen konstituiert ist, lassen sich solche Ausgrenzungsprobleme vermeiden. In Bereichen ethnischer Durchmischungen führt die Absicht, das Recht, nationale Selbstbestimmung zu verwirklichen jedoch zur Unterdrückung der Bevölkerungsgruppen, die sich auf die vereinheitlichende homogene Nation nicht zurückführen lassen – eine Unterdrückung, die von der Verweigerung grundlegender individueller Menschenrechte bis hin zur kollektiven Massenaustreibung reicht.

Was sich gegenwärtig, im Sommer 1991 in Jugoslawien bzw. auf dem Balkan ereignet, scheint sich wie unter einem historischen Wiederholungszwang abzuspielen. Auch zur eigenen Orientierung ist man versucht, die Perspektive der Zwischenkriegszeit bis in den Zweiten Weltkrieg hinein zu reaktualisieren. Damals etablierten sich nach dem Zerfall der dynastisch legitimierten Vielvölkerreiche neue Nationalstaaten ethnisch homogenen Anspruchs, die in der Tat doch nichts anderes waren als die bestenfalls miniaturisierte Wiederauflage ihrer multiethnischen Vorläufer. Weder Polen, Rumänien, die Tschechoslowakei oder Jugoslawien waren, um von anderen, neu konstituierten Staaten im sogenannten »Zwischeneuropa« abzusehen, klassische Nationalstaaten westeuropäischen Zuschnitts. Dennoch waren sie bestrebt, sich national zu homogenisieren. Und diese Politik wandte Mittel staatlicher und sozialer Unterdrückung an, die einen vertreibungsartigen Auswanderungsdruck erzeugten und in vielen Fällen zweifelsohne auch erzeugen sollten.

Vorhersehbar war diese Entwicklung durchaus gewesen. Schon während der Friedenskonferenzen in Paris, in denen die Ergebnisse des Ersten Weltkrieges zu einer stabilen Friedensordnung festgeschrieben werden sollten, identifizierten die »Großen Vier« dieses Konfliktpotential als zukünftigen Gefahrenherd. Ihm gedachte man vorzubeugen. Dies wiederum erfolgte in Form sogenannter Minderheitenschutzverträge, die von den neu entstandenen Staaten einzugehen waren, gleichsam als Entrichtung einer Prämie für die ihnen von der Weltgemeinschaft zuerkannten, territorialen Erweiterungen über den engeren Siedlungsbereich der Titularnation hinaus. Solche territorialen Zugewinne wurden den staatlichen Neubildungen aus Gründen der Verbesserung ihrer ökonomischen und verkehrstechnischen Überlebensfähigkeit zugesprochen. Indes bescherten sie diesen Gemeinwesen große und konfliktträchtige Minderheitengruppen.

Die Minderheitenschutzverträge sollten mehrere Aufgaben wahrnehmen. So galt es über humanitäre Absichten hinaus zu verhindern, daß die befürchtete Politik der Unterdrückung in den faktisch multinationalen, dem Selbstverständnis der jungen mittel- und osteuropäischen Staatsvölker zufolge jedoch uninationalen Gemeinwesen, zu umfänglichen Fluchtbewegungen führen würde. Solche Migrationswellen hätten sich nur nach Westeuropa und vor allem in die USA, dem klassischen Einwanderungsland, ergießen können. Dieser wenig gelittenen Entwicklung wollten die Siegermächte kraft des Minderheitenschutzes gleich im Entstehungsmoment der neuen Nationalstaaten vorbeugen. Vor allem Amerika verschloß sich potentiellen Einwanderern aus wirtschaftlichen, aber auch aus nationalistisch-nativistischen Gründen. Einwanderung wurde kontingentiert und höchst restriktiv gehandhabt. Und dafür bedurfte es eben der Kompensation auch in Gestalt des Minderheitenschutzes, wie er den neuen Staaten Mittel- und Osteuropas in die nationalen Verfassungen diktiert wurde. Daß diese Restriktionen als ein Eingriff in die gerade erlangte und historisch heiß begehrte nationale Souveränität mit wenig Sympathie goutiert wurde, steht auf einem anderen Blatt. Jedenfalls garantierte der Völkerbund die Minderheitenrechte international.

Fast die gesamte Zwischenkriegszeit war im mittel- und ostmitteleuropäischen Bereich von Nationalitäten- und Minderheitenkonflikten überschattet. Dabei verschärften strukturelle Überlagerungen gesellschaftlicher Arbeitsteilung und ethnischer Zugehörigkeit sowohl die ohnehin schon gespannten Beziehungen zwischen Staatsnation und ihren Minderheiten, wie zwischen den Nationalitäten selbst. Das Ende der dynastischen Imperien hatte nämlich auch Wirtschaftsräume auseinandergerissen. Ökonomisch Zusammengehöriges war politisch zerfallen und das Auseinandergefallene wurde nur noch über die voneinander getrennten Volkswirtschaften zum Weltmarkt hin vermittelt. Die Nationalitätenkämpfe waren insofern nicht nur Auseinandersetzungen um Kultur und Sprachenschutz, sie entwickelten sich zu nationalistisch aufgeladenen Rivalitäten am Arbeitsmarkt, in den einzelnen Berufssparten und im Staatsapparat.

Darüber hinaus sahen die souverän gewordenen Staatsnationen ihre Territorialität durch die in ihren Gemeinwesen ansässigen Minderheiten gefährdet, bildete doch in den überwiegenden Fällen die Minderheit in dem einen national formierten Gemeinwesen die Mehrheitsbevölkerung und damit die Staatsnation jenseits der Grenze. Minderheitenfragen äußerten sich unter solchen Umständen auch als Territorialstreitigkeiten. So konnten Querelen, etwa das Schulwesen betreffend, innerhalb eines Landes zu einem Nachbarschaftskonflikt zwischenstaatlicher Art eskalieren. Jede Regung einer Minderheit vermochte die berechtigte und weit häufiger noch unberechtigte Befürchtung auslösen, die bloße Existenz des gerade unter Entbehrungen etablierten Gemeinwesens stehe schon wieder in Frage.

Die aus der Zwischenkriegszeit in den Zweiten Weltkrieg hineinragenden Kämpfe zwischen Nationen und Nationalitäten gehören zwar nicht zu seinen Hauptfrontlinien, verwoben sich jedoch mit dem Krieg bis hin zur Unkenntlichkeit. Das Exempel der Schlächtereien zwischen Kroaten und Serben ist keineswegs atypisch. Und die Auseinandersetzungen sollten sich noch über den Krieg hinaus fortsetzen – selbst in die späte Nachkriegszeit hinein. So waren Flucht und Vertreibung der Deutschen nicht nur aus den Ostgebieten des Reiches, sondern auch und gerade aus den deutschen Streusiedlungen des weiter entfernteren Ostens zwar eine Folgeerscheinung der von den Nazis initiierten »bevölkerungspolitischen Flurbereinigung« und Vernichtungspolitik; doch wäre damit lediglich eine Facette des Phänomens beschrieben. Die Massenflucht war auch eine Fortsetzung der mit dem Kriegsgeschehen verschränkten Auseinandersetzungen zwischen den Nationalitäten, die den Weg zur Staatsnation glücklich beschritten hatten, und ihren jeweiligen Minderheiten. Es ist es in der Tat tragisch, daß die zur nationalen Homogenität gelangte katholische Republik Polen diesen zweifelhaften »Erfolg« der Judenvernichtung durch die Deutschen und der Vertreibung der dort ansässigen deutschstämmigen Bevölkerung durch die Polen verdankt – von der geographischen Westverschiebung des Landes nicht zu sprechen. Ähnlich gelagert waren die Verhältnisse in der Tschechoslowakei – obschon dort auch in unseren Tagen wieder Spannungen und gegenseitiges Mißtrauen zwischen den ethnischen und nationalen Bevölkerungsgruppen zutage treten. Dramatischer als all die anderen angebahnten Konflikte scheint die Entwicklung auf dem Balkan zu verlaufen. Während die Sezession Sloweniens durch vorgefundene, nationale Homogenität keine weiteren zwischenethnischen Probleme aufwerfen dürfte – von der Präzedenz des Ereignisses für den jugoslawischen Staatsverband abgesehen – sind die Umstände einer ethnisch legitimierten und sich territorialstaatlich konstituierenden »Differenzierung« des jugoslawischen Gemeinwesens durchaus katastrophisch. Was bei Slowenien hingehen mag, ist für Kroatien kaum, für die Republik Bosnien-Herzegovina schier unmöglich – will man nicht massenhafte Austreibungen und dabei abzusehende Schlächtereien in Kauf nehmen. Erwählt sich das »Recht auf nationale Selbstbestimmung« die Totalität der Ethnie als Begründungszusammenhang, resultiert daraus die Barbarei der Differenz.

Wie in einem Rücklauf historischer Zeiten werden die nach dem Ersten Weltkrieg aufgebrochenen Problemlagen in jüngster Gegenwart aktualisiert.

Eingefaßt in ein übernational konzipiertes, wiewohl echte kollektive Gleichheit nicht garantierendes Gemeinwesen wurde Jugoslawien mit seinen Nationalitäten die Gewalterfahrung erspart, die herbeigezwungene Entmischungen von Nationalitäten gewöhnlich begleitet. Die alteuropäische Seuche des Nationalismus hat dieses multiethnische Gemeinwesen jetzt eingeholt. Gegenwärtig scheint Jugoslawien auf jenem Stand angelangt, auf dem sich Griechen und Türken Anfang der 20er

Jahre befunden haben – damals, als ein sogenannter Bevölkerungstransfer durch die Vermittlung des Völkerbundes erwirkt wurde. Im Sinne des ethnisch grundierten Prinzips der »nationalen Selbstbestimmung« wurden griechisch-orthodoxe Menschen aus der Türkei nach Griechenland ausgesiedelt, während Muslime aus Griechenland in Richtung Türkei in Marsch gesetzt wurden. Die Ereignisse des Zweiten Weltkrieges haben – vom genozydalen Armeniermassaker einmal abgesehen – solche Umsiedlungspolitik zwischenzeitlich in den Schatten gestellt. Doch für die damalige Zeit handelte es sich um ein durchaus neues und der grausamen Logik des Nationalitätenprinzips gehorchendes Ereignis, das nunmehr auf dem Balkan seine Nachahmung finden soll.
Heute stehen in manchen Regionen Europas Menschen vor Entwicklungen, die in ihrer Archaik kaum zu überbieten sind. Allein die Herkunft soll an vielen Orten über Sein und Dasein entscheiden. Wie aus einem Winterschlaf erwacht, werden Kämpfe dort fortgesetzt, wo sie einmal – und wie sich heute herausstellt: nur scheinbar – eingestellt worden waren. Es geht wieder um die nationale Homogenisierung von Territorien, als handle es sich um den historischen Anschluß an die Zwischenkriegszeit. Diese dient zuvörderst den Serben und Kroaten als Erinnerungsarsenal, aus dem die Legitimation gegenwärtigen Handelns gespeist wird. Amnesien, die der Realsozialismus zum Teil erzwungen, zum Teil auch nur begünstigt hat, werden überwunden. Die historische Erinnerung wird zum Fundus, aus dem sich die Kollektive je nach Interessenlage bedienen, um gegeneinander Front zu machen.

Offensichtlich hat sich ein geschichtliches Bewußtsein für Problem- und Konfliktlagen verflüchtigt, die aus längst entschwunden geglaubter Vorvergangenheit in unsere Gegenwart hineinragen. Neuerlich werden sie virulent, weil der Ost-West-Gegensatz seine stabilisierende Wirkung definitiv eingebüßt hat. Ordnungspolitisch legen solche Konflikte in einer weit höher als in der Zwischenkriegszeit integrierten Welt die universell legitimierte Intervention der Weltgemeinschaft nahe. Dies war am Golf der Fall und sollte auch für den europäischen Bereich Geltung erheischen. Zwar hat die KSZE-Konferenz jüngst das Minderheitenproblem in Europa zu einem Anliegen aller erhoben, doch steht das nötige und völkerrechtlich abgesicherte Instrumentarium einer solchen Politik keineswegs zu Gebote.

Politische und völkerrechtlich abgestützte Interventionen des internationalen Allgemeininteresses in das Sanctuarium nationaler Souveränität wird weniger gewaltförmig ausfallen, wenn die Territorialität des jeweils konfliktgeschüttelten Gemeinwesens stabil ist. Unter solchen Auspizien können die Institutionen des unter Kuratel genommenen Staates den Willen aller nach innen hin vermitteln. Transnationale Durchsetzung der nationalen Sphären hat die Bedeutung des Staates noch längst nicht aufgebraucht. Selbst offenkundig grenzübergreifende Phänomene, vor allem im ökologischen Bereich, haben die Bedeutung der Territorialität für die Gewalt des Politischen nicht annulliert. Sie ist eine zwar archaische, aber weiterhin gültige, weil im existentiell relevanten Konfliktfalle letzte Instanz, die eine Bevölkerungsgruppe zu ihrer Sicherheit besetzt hält. Zwischen jener weiterhin wirksamen und aufrecht zu erhaltenden Territorialität der Staaten einerseits und einem international legitimierten Interventionsrecht der Weltgemeinschaft in Gestalt der restituierten Vereinigten Nationen, in manchen Fällen auch regionaler Staatenverbindungen, werden sich nach dem Ende ost-westlicher Bipolarität künftige Wertkonflikte abspielen.

Das letzte Gefecht: Protest im Golfkrieg

Es mag konsterniertes Nachfragen provozieren, aber das scheinbar zufällige zeitliche Zusammentreffen von deutscher Vereinigung und Krieg am Golf traf das Selbstverständnis einer bei aller Prätention doch traditionell gebliebenen linken Öffentlichkeit bis ins Mark. Zufällig schien die Koinzidenz deshalb, weil beide Vorgänge nicht als Folgeerscheinungen ein und desselben welthistorischen Einschnitts begriffen wurden: des Endes der Bipolarität und des ihr vorgelagerten ideologischen Gegensatzes zwischen Freiheit und Gleichheit.

Die Konsequenzen der deutschen Vereinigung für linke Weltsichten gehen weit über die unmittelbar politischen Folgen des Ereignisses hinaus. Sie rühren an komplexe Identitätsbezüge, die mit der Wirkung des Nationalsozialismus auf die Nachgeborenen, also mit unterschiedlichen Varianten seiner Verarbeitung in Verbindung stehen. Nicht weniger identitätsträchtig, wenn auch von möglicherweise geringerer Tiefenwirkung, wird eine weitere Bewußtseinsschicht gewesen sein, die in der Haltung der Linken und der Protestkultur in Deutschland angesichts des Golfkrieges dramatisch zum Ausdruck kam. Neben unterschiedlichen Indikatoren war es vor allem die überbordende Kritik am Westen, die alsbald den Eindruck verfestigte, der moralisch daherkommende Protest artikuliere implizite und in überaus komplexen Formen, also verstohlen, Solidaritäten mit Saddam Hussein. Inwieweit solche Reaktion auf zumeist unbewußt gebliebene Anteile tradierter deutscher

Identitätsbestände zurückgeht, bleibt weiteren Ausführungen vorbehalten. Vorläufig soll nur jenes Ingredienz der chiffrierten, nämlich als Kritik am Westen vorgetragenen Solidarität mit dem Irak ausgedeutet werden, das kein Spezifikum deutscher Befindlichkeiten darstellte und von daher wohl allgemeinen Charakters ist.

Auf dem zeitgeschichtlichen Hintergrund der Umwälzungen in Europa und im Sog des durch die deutsche Vereinigung beschleunigten Verfalls linker Gewißheiten mutet die Parteinahme für den Irak – so verhalten sie auch immer angeklungen sein mag – wie der verzweifelte Versuch an, gegen die politischen Offenbarungen der Gegenwart, elementare Bestimmungen eines linken Selbstbegriffs aufrechtzuerhalten.

Wenn der kapitalistische Westen gegen den politischen Osten obsiegt, wenn sich die unter dem realen Sozialismus jahrzehntelang darbenden Menschen ohne Scheu und Vorbehalt den Werten des vormals gegnerischen Systems auszusetzen bereit sind, wenn sie den Parlamentarismus und Pluralismus, die Religiosität und den zur Marktwirtschaft entstigmatisierten Kapitalismus geradezu sehnsüchtig herbeiwünschen, dann darf ein Terrain, wo Recht und Unrecht, politische Moral und historische Schuld in greifbarer Unzweideutigkeit aufeinanderstoßen, nicht aufgegeben werden. So war am Konzept der Dritten Welt festzuhalten. Dort galt es Restbestände von Gewißheit zu wahren, dort war dem sonsthin gefeierten Westen das Kainsmal von Ausbeutung und Unterdrückung, von Arroganz und kultureller Hybris sichtbar auf die Stirn gezeichnet. Dort herrschte in Sachen Moral und Politik Klarheit – Irrtümer, die Identitäten erschüttern, waren ausgeschlossen, zumal die Reichtümer der einen zur Gänze mit der Armut der anderen Welt erkauft zu sein schienen. Unter dieser Perspektive mochte es ein Leichtes sein, überkommene Weltdeutungen und die ihnen zugeordneten Identitätsbildungen gegen alle Manifestationen von Wirklichkeit zu mumifizieren.

Ein untergründiger Zusammenhang zwischen der Haltung der Linken zur Dritten Welt und zur Welt des realen Sozialismus ist unschwer benennbar. Die gesteigerte moralische Wertschätzung, die selbst wenig sympathischen Regimen der Dritten

Welt jahrzehntelang entgegengebracht wurde, war nicht zuletzt dem wachsenden Vertrauensverlust entsprungen, den realsozialistische Gesellschaften, die Sowjetunion allemal, in den Augen einer nichtkommunistischen Linken und sozialkritisch engagierter Intellektueller fortwährend erlitt. Je entschiedener der Kommunismus den anti-faschistischen Bonus, den er sich bei europäischen Intellektuellen für seinen Kampf gegen Nazideutschland erworben hatte, durch die Anwendung terroristischer, um nicht zu sagen: despotischer Maßnahmen aufbrauchte, desto stärker wertete das systemkritische Bewußtsein eine Tendenz auf, die unter dem Titel »Dritte Welt« zum geschichtlichen Subjekt avancierte. Tatsächlich fand eine sich untergründig durchsetzende Verschiebung im Objekt politischer Identifizierung statt – und hierfür gab es zweifellos gute Gründe. Die Linke hat das durch den Kolonialismus erzeugte Leid und das mit seinem nur schleichend vollzogenen Rückzug weiter angehäufte Elend nicht er-, sondern schlichtweg vorgefunden. Indes war das bedingungslose Engagement für ferne Welten, die Empörung gegenüber Verbrechen metropolitaner Mächte nicht ganz von Motiven frei, die sich an Entwicklungen in allernächster Nähe entzündet hatten. Es war nun einmal so, daß der für links Engagierte identitätsrelevante Bedeutungsverlust der Sowjetunion – von den 50er Jahren an eher Supermacht UdSSR, denn Mutterland des Weltkommunismus – mit dem Aufkommen des für die nächsten Jahrzehnte dann bewußtseinsprägenden Bedeutungsgewinn jener dritten Instanz weltgeschichtlicher Orientierung parallel lief.

Indochina machte den Anfang. Die sich globalisierende Tendenz antikolonialer Befreiung kam ja erst mit dem in den frühen 50ern seinem Höhepunkt zustrebenden Kampf des Viet-Minh gegen ein Frankreich in Schwung, das sich den besseren Argumenten borniert verschloß. Der für weitere Erhebungen beispielhafte Kampf der Algerier fiel in die Zeit der indochinesischen Niederlage des Weißen Mannes bei Dien-Bien-Phu – ein die gesamte koloniale Welt 1954 durchzuckendes Fanal. Einem Geschehen wie dem Korea-Krieg 1950 mochte zwar so etwas wie der Charakter eines Übergangs anhaften – nämlich heißer Frontverlauf eines ansonsten Kalten Krieges zu sein und sich in Asien abzuspielen – jenem Bereich also, in dem zeitlich parallel, im konkreten wie übertragenen Sinne jedoch weiter südlich, die erste bedeutende Dekolonisierungsschlacht der neueren Geschichte stattfand. Der Sache nach handelte es sich dennoch um zwei völlig anders geartete Ereignisse. Für die imperiale USA mit ihrer ohnehin traditionell asiatischen Orientierung schmolzen sie allerdings zu einem einzigen zusammen. Vor allem die Unterstützung, die das damals abfällig sogenannte Rotchina, Bündnispartner der Nordkoreaner, den antikolonialen Vietnamesen zu gewähren schien, stieß in den USA die Entstehung jener verhängnisvollen Domino-Theorie an, kraft derer die Frontlinien des Kalten Krieges mit denen des antikolonialen Aufbegehrens, vor allem in Südostasien, verknüpft werden konnte.

Ähnlich gelagerte Verknüpfungen zwischen den Konfliktlagen des Antikolonialismus einerseits und den sich globalisierenden Fronten des Kalten Krieges andererseits, wurden zunehmend auch für die Sowjetunion akzeptabel. Die räumliche wie substantielle Ausweitung und Vermischung derart unterschiedlichen Konfliktstränge war weder selbstverständlich, noch lag sie in der Natur der Sache begründet. Sie hatte erhebliche theoretische Revisionen der kommunistischen Großmacht zur Folge. Angesichts der aufgewerteten Rolle der Dritt-Welt-Staaten im globalen Ringen zwischen Ost und West war eine sowjetische Doktrin zu entwickeln, die den Völkern der Dritten Welt eine neue Aufgabe zuwies. Um wirklich unterstützungswürdig zu sein, mußten sie – über taktische Kalküle hinausgehend – dem Prozeß der universellen Emanzipation integriert werden, auch wenn sich das weltrevolutionäre Projekt auf pure Rhetorik vermindert hatte. Daraus ergaben sich für die Sowjetunion massive strukturelle Veränderungen. Bis dato hatte sie sich als Nachfolgestaat des imperialen Rußlands im außereuropäischen Raum nur insoweit engagiert, wie es ihrem traditionellen Charakter als asiatischer Macht entsprach; d.h. im Fernen Osten, im asiatischen Süden, vor allem aber in Persien und in Richtung Afghanistan. Maritim war die historische Landmacht einstweilen nicht hervorgetreten. Jetzt legte sie, konfrontiert mit dem Geschehen der Dekolonisation und allen daraus resultierenden Bündniserwartungen in der südlichen Hemisphäre ein Flottenprogramm auf, als sei das Land schon zu grauer Vorzeit dem Meere entstiegen. Die Sowjetunion bewegte sich auf ein strategisches Bündnis mit den Ländern der Dritten Welt zu – gerichtet gegen den Westen bzw. den »Imperialismus«.

Diese Politik endete im Desaster. Die meisten und vor allem die wesentlichen Länder im Einzugsbereich der Dritten Welt wurden von der Droge der sowjetischen Waffenlieferungen abhängig. Der propagierte Internationalismus, die behauptete Völkerfreundschaft und verordnete Verbrüderung, die sich in diversen Sonderschichten der jeweiligen nationalen Arbeiterklasse für die Anstrengung des vietnamesischen oder anderer Völker in ihrem Kampf gegen den Imperialismus niederschlugen, hinterließen in der Sowjetunion wie in ganz Osteuropa – über die ohnehin bestehenden und äußerst resistenten Feindseligkeiten zwischen den dortigen ethnischen Gruppen und Nationalitäten hinaus – einen dumpfen Fremdenhaß und Rassismus. Dessen Ausläufer werden noch auf lange Dauer zu verspüren sein.

Daß die Annäherung an die neu etablierten, vor allem nationalistischen Regimes in der Dritten Welt verschiedentlich mit Aufgabe der dortigen Kommunistischen Parteien verbunden war, mag vernünftigen taktischen Erwägungen entsprochen haben. Aber häufig blieb es nicht bei bloß formellen Auflösungen und dem Eintritt in Einparteienstrukturen von Entwicklungsdiktaturen. Mancherorts führte die imperiale Politik des sowjetischen »Internationalismus« zu einer regelrechten Opferung lokaler Kommunisten. Die Sowjetunion hielt sich aufgrund realpolitischer Erwägungen bedeckt, als etwa im Irak oder später in Indonesien, zehn, ja hunderttausende Kommunisten bestialisch zu Tode gebracht wurden.

Der globale politische windfall-Profit, den eine vermeintlich »internationalistisch« engagierte Sowjetunion in der Auseinandersetzung mit dem sowohl im Kalten Krieg gegen sie stehenden, als sich mancherorts auch spätkolonialer Politik verschreibenden Westen einheimsen konnte, wurde also mit erheblichen Einbußen im ideologischen Bereich erkauft. Kom-

pensiert wurden diese Einbußen einzig durch einen Machtzuwachs, der sich gesellschaftlich – wie man später besser weiß – weder nach innen noch nach außen als konvertierbar erwies.
Kompensiert wurde durch das Engagement der Sowjetunion im Bereich der Dritten Welt aber noch manch anderes. In den Augen der nichtkommunistischen Linken erwarb sich die Sowjetunion wegen ihres prätendiert emanzipatorischen Engagements gegen spätkoloniale westliche Nachzügler, vor allem aber ob ihres Einsatzes gegen die Intervention der USA in Vietnam, wieder linke Bonität; eine Bonität freilich, die ihr nicht aufgrund des lahmenden, sowjetischen Sozialismus, sondern für ihren vermeintlichen Antiimperialismus ausgestellt wurde. Jede substantielle Kritik an der kommunistischen Großmacht und ihren inneren Verhältnissen wurde durch den salvierenden Hinweis hintangestellt, die Sowjetunion unterstütze doch diesen oder jenen als »gerecht« empfundenen Kampf. Es hieß, ein Gegengewicht zur Führungsmacht des Westens sei, da die USA ansonsten sengend, raubend und plündernd über den Erdball ziehen würde, unabdingbar.
Solche Kompensation, mittels der Ereignisse außerhalb Europas die Geschehnisse auf dem alten Kontinent auszugleichen, tat bitter Not. Gerade in den fünfziger Jahren, als der Kalte Krieg einem konfessionsartigen Lagerdenken weltweit Auftrieb gab, durch den der geringste Anspruch auf autonomes Denken umgehend als eine gefährliche Devianz im Keime erstickt wurde (ein Denken – wie es damals hieß – das nur dem Klassenfeind und noch schlimmer: dem »Imperialismus« dienlich sein konnte), waren Anlässe zu Zweifeln Legion. Der Zweifel etwa, der sich unentwegt und spätestens seit 1956 anläßlich der Niederschlagung des Aufstandes in Ungarn einstellte, konnte mit beruhigenden Einschränkungen versehen in die auf alle Fälle gerechten Gefilde des antikolonialen Kampfes abgeschoben werden – dort, wo die Welt der moralisch eingefärbten Zweiteilung in »gut« und »bös« zufolge noch in Ordnung war. Die innere Abkehr von der Sowjetunion wurde durch die zunehmende Identifikation mit den klaren, politischen Linienführungen in der Dritten Welt – hier Imperialis-

mus, dort Antiimperialismus – gleichsam überspielt und somit vermieden.
Solche Kompensation wartete außerdem mit moralischen Erleichterungen auf, die geschichtsphilosophisch anmutende Deutungen nach sich zogen. So konnte guten Gewissens hingenommen werden, daß im Bereich der Dritten Welt ohnehin kein Sozialismus vorgesehen sein konnte, wie die Befunde »materialistischer« Analyse lehrten. Das auf die Peripherie der entwickelten Welt beschränkte Engagement war insofern von politischen Überfrachtungen und überzogenen Erwartungshaltungen entlastet. Gleichzeitig gelang es mittels der Negation des in die Peripherie verschobenen Kapitalismus, sich in weiterhin ungebrochenem Einvernehmen mit der alten, teleologisch gerichteten Geschichtserwartung zu orientieren.
Das in den 50er Jahren sich ausbildende Engagement der linken Intelligenz für die Dritte Welt und ihre Abwehrhaltung gegen den Westen war also auch so etwas wie eine Neutralisierung der nicht oder noch nicht eingestandenen Enttäuschungen an der Sowjetunion. Mehr noch: Im Bereich der Dritten Welt trat die Sowjetunion, wie in historischem Rücklauf verjüngt, wieder als unterstützungswürdig auf. Ihre äußere Rolle schien die mühselige und identitätszerstörerische Arbeit der Kritik an ihrer inneren Verfaßtheit noch einmal überflüssig zu machen.
Vor allem im kolonial engagierten Frankreich erfolgte jene Wendung einer sich zusehends radikalisierenden Linken, die traditionell sozialdemokratischer Politik des Festhaltens an überseeischen Besitzungen, insbesondere an Algerien, ebenso den Rücken zukehrte wie der nationalistisch gelähmten KPF, die sich in salvierenden Gemeinplätzen menschenrechtsorientierter Kritik an der Regierung erging. Das schließlich entstandene, antikolonialistische Ethos ergriff bald die Mehrzahl der westlichen Metropolen, wo es sich über die Jahre zu einer unkritischen, bloß identifikatorischen und mithin substanzlosen Dritt-Welt-Ideologie verdichtete. Die parallel zu diesem Prozeß dahinschwindende, sozialistische Utopie hatte ihr Substitut gefunden.
Für die Linke der alten Bundesrepublik hatte der Zusammen-

hang zwischen ihrer Solidarität mit der Dritten Welt und der Haltung zu den unmittelbar angrenzenden Systemen des realen Sozialismus eine spezifische Dramatik. Von der spezifisch deutschen Affinität zu Völkern in kolonialen Lagen im Kontext tradierter und tief verwurzelter antiwestlicher Ressentiments sei hier noch abgesehen. Vorläufig ist die intrinsische, wenig bewußte Beziehung zwischen a priorischer Solidarität für Regime der Dritten Welt in ihren Konflikten mit dem als imperialistisch denunzierten Westen und dem plötzlichen Dahinschwinden des den Sozialismus reklamierenden Staates auf deutschem Boden zu thematisieren. Denn angesichts des abrupten Untergangs der DDR und der unerwarteten Krise am Golf, fand sich der überwiegende Teil der deutschen Protestöffentlichkeit – durch identifikatorische Restbestände linken Selbstverständnisses bewegt – gleichsam wie in einem letzten Aufbäumen an der Seite des irakischen Diktators wieder. Zwar war die Parteinahme mit der Kritik an seinem despotischen Regime amalgamiert, doch blieb sie im Bewußtsein der dem Westen historisch zugeschriebenen Schuld und politischen Verantwortlichkeit für das Geschehen offenkundig Parteinahme. Der innere Zusammenhang zwischen dem Rückzug von der Sowjetunion und der kompensatorischen Hinwendung an die Dritte Welt wurde durch das Verschwinden der DDR derart verschärft, daß in dieser Doppelkrise der westlich eingekreiste Irak letzter Zufluchtsort altvertrauter Weltbilder war. Das förmliche Verlöschen der DDR riß Restbestände linken Selbstverständnisses derart in den Strudel drohender Belanglosigkeit, daß allein die als gerecht anerkannten Forderungen aus der Dritten Welt noch der Selbstvergewisserung dienen konnten. Nicht die Realität am Golf war also der eigentliche Gegenstand der Debatte, sondern neu aufgeworfene Identitätsfragen, die jene ferne Wirklichkeit zur Stabilisierung der eigenen politischen Befindlichkeiten nutzten. So nimmt es nicht wunder, daß weder die innere Verfaßtheit des Irak, noch die von Saddam Hussein ausgelöste regionale Bedrohung und erst recht nicht die möglichen Folgen der Krise für die internationale Staatenordnung zur Kenntnis genommen wurden. Alles verlor sich in Nabelschau.

Nun steht der begründete Einwand im Raum, die Vereinigung Deutschlands sei für die Linke nicht derart traumatisch gewesen, daß sich daran solch weitgehende Folgerungen knüpfen ließen. Das bloße Ableben der DDR und eine deutsche Vereinigung im Zeichen der Freiheit - erfolgte sie doch weder gegen den Willen der dortigen Bevölkerung, noch war sie den Absichten der östlichen Nachbarstaaten mit der Sowjetunion an der Spitze zuwider - hätte wohl nicht von derartiger Wucht sein können, daß linkes Selbstverständnis daran zerbräche. Und dennoch dürfte dem so gewesen sein. Die Vermutung drängt sich nämlich auf, hier wirkten sich Tiefendimensionen aus, die mehr an Plausibilität bereithalten, als sich aus den unmittelbaren Geschehnissen allein herauslesen läßt.
Vorab gilt festzuhalten, daß der Untergang der DDR für linkes Bewußtsein im Westen nicht bloß das Ende des sozialistisch verfaßten, zweiten deutschen Staates markiert. Auch für diejenigen Linken, die der Deutschen Demokratischen Republik kritisch bis offen ablehnend, mitunter sogar feindlich gegenüberstanden, bedeutete die DDR weit mehr, als sie real darstellte. Die DDR repräsentierte über ihre nackte staatliche Existenz hinaus ein dem linken Selbstverständnis in Deutschland unverzichtbares Moment. Sie war das politische Gemeinwesen des staatlich inkarnierten Antifaschismus. Konnte man sich der symbolischen Aura des »ersten Arbeiter- und Bauernstaates auf deutschem Boden« nicht entziehen, so nicht deshalb, weil jene Staatsräson der unmittelbare Dreh- und Angelpunkt der Anziehung gewesen wäre. Nein, die symbolische Sogwirkung, die der Staat jenseits der Mauer auf eine noch so DDR-skeptische westdeutsche Linke ausübte, war eine andere. Die Rede ist von den im Bewußtsein rechts wie links der Grenze weiterhin wirksamen Hinterlassenschaften einer marxistisch-leninistischen Faschismustheorie.
Welcher Spielart des Sozialismus man sich auch immer verbunden fühlen mochte, Theorien, die einen gleichsam organischen Zusammenhang von Kapitalismus und Faschismus behaupteten, zählten zum harten Kern der politischen Gewißheiten. Ohne Schaden für die Fundamente des linken Selbstverständnisses in Deutschland waren sie nicht preiszugeben.

Denn aus dem postulierten Zusammenhang zwischen Kapitalismus und Faschismus wurden politische Schlußfolgerungen abgeleitet, die aus sich heraus nicht mehr begründungspflichtig zu sein schienen. Die vergangene Realität des Faschismus hat diesem Theoriekonstrukt zufolge alles desavouiert, was mit der Logik der Kapitalverwertung im Zusammenhang steht. Selbst liberalste, demokratischste und pazifistische Varianten können dem Verdikt nicht entkommen. Die Wurzel des Übels war nun einmal mit dem Stichwort Kapitalismus namhaft gemacht.
Die den Kapitalismus als Ursprung aller Unbill identifizierenden Faschismustheorien enthoben die Linke einer sich eigenständig begründenden politischen Ethik. Es schien völlig auszureichen, den Zusammenhang von Kapitalismus und Faschismus zu konstatieren, um sich – diesseits detaillierter Begründungen – in Kritik und Praxis legitimiert zu fühlen. Man stand im Schatten begrifflich erfaßter Ungetüme, die – wie von unsichtbarer Hand gelenkt – überall Leid und Verbrechen verursachten.
Die Unterstellung eines organischen Zusammenhangs von Kapitalismus und Faschismus, von Profit und Verbrechen, stabilisierte freilich nicht nur das linke Selbstverständnis in Deutschland. So wäre jene Theorie auch nicht in der Zentrierung auf deutsche Verhältnisse zu debattieren, obschon einiges darauf hindeutet, daß angesichts der Menschheitsverbrechen des Nationalsozialismus die alles unmittelbar auf den Kapitalismus zurückführende Begriffsmagie einem kollektiv erzeugten Verdrängungszusammenhang korrespondiert. Doch soll keineswegs in Abrede gestellt werden, daß die totalitäre nationalsozialistische Herrschaft Anonymisierungserfahrungen nach sich zog. Die meisten Zeitgenossen hatten sicherlich nicht zu unrecht den Eindruck, trotz oder vielleicht gerade wegen der übersteigerten Personifizierung von Herrschaft in der Gestalt Adolf Hitlers, völlig unpersönlichen Apparaten ausgeliefert zu sein, die jegliches Ethos von Verantwortung unter sich begruben. Daß nach dem Kriege Erklärungen und Deutungen gefragt waren, die die Passivität des Einzelnen zu begründen suchten, versteht sich von selbst. Auch der im frühen Nach-

kriegsdeutschland über linke Kreise hinaus unternommene Versuch, den Nationalsozialismus als Faschismus unmittelbar auf die Interessenpolitik der Kapitalistenklasse zurückzuführen und ihn damit reduktionistisch als gesellschaftlichen Ausdruck segmentären Charakters zu begreifen, entsprach dem Bedürfnis, einem kollektiven Verstrickungszusammenhang – wenigstens im Nachhinein – zu entkommen.
Eine Gegenwartsdiagnose, die das Fortwirken solcher Bewältigungsformen beobachtet, scheint angesichts einer in den vergangenen Jahren verstärkten und nachgeholten Beschäftigung mit dem Nationalsozialismus anachronistisch zu sein. Dennoch tendiert eine Vielzahl auch neuerer Deutungen des nationalsozialistischen Phänomens dazu, das Moment ökonomistisch begründeter Verwertung interpretativ in den Vordergrund zu rücken. Nach wie vor wird in ihm die letzte Ursache der Massenverbrechen erkannt. Alle anderen Anteile, die weit plausibler aus einem spezifisch nationalen bzw. kollektivgeschichtlichen Kontext heraus fließen, werden als feuilletonistisches Beiwerk abgetan. Auch in den neueren Erklärungsansätzen zum »deutschen Faschismus« finden sich alle nur denkbaren Generalisierungen erprobt – bis hin zur bislang noch nicht erreichten Steigerung, das Regime als den Ausbund der Moderne hinzustellen. Wie bei der inzwischen ihrer Suggestivkraft verlustig gegangenen Faschismustheorie, die den Nationalsozialismus als möglichen, unter Umständen gar notwendigen Ausdruck kapitalistischer Herrschaft ausweisen wollte, werden mittels jener übersteigerten Modernitätsthese sowohl die Vor- wie Nach-Geschichte des Nationalsozialismus sozialhistorisch eingeebnet. Der Hinweis darauf, daß in der Bundesrepublik Menschen nicht systematisch zu Tode gebracht werden, findet sich dem kategorialen Apparat der Modernisierungsthese zufolge und zum Erstaunen des Beobachters auf eine Marginalie reduziert. Unterschiede in den Herrschaftspraktiken mögen sich hinsichtlich der NS-Zeit ergeben, doch gelten sie anscheinend nicht als relevant genug, um in den Focus der Betrachtung gerückt zu werden.
Die theoretische Reduktion des Nationalsozialismus auf Faschismus ist die spezifisch linke Ausprägung eines allgemein

diagnostizierbaren Verdrängungs- und Verleugnungszusammenhanges. Während die Theorie vom kapitalistisch verursachten Faschismus Verantwortlichkeiten verdinglicht und sozial segmentiert, steht das spezifischer gefaßte Phänomen des Nationalsozialismus in Wahrheit für eine tragische Realität. Der Nationalsozialismus war nämlich eine durchaus reale Verschmelzung von integristischer deutscher Nation und faschistischem Regime. Die Folgen dieser Verschmelzung sind für das kollektive Bewußtsein dramatisch: wer in Deutschland vom Faschismus spricht, kann von der involvierten deutschen Nation nicht schweigen. Nicht allein das Regime, die gesamte Nation ist mit den Massenverbrechen affiziert. Jede Neubelebung des Nationalen wird sich notwendigerweise an jener geschichtlichen Verschmelzung mit den Verbrechen des Regime stoßen müssen. Und was die Welt der Nachgeborenen betrifft, so wirkt sich der Nationalsozialismus als integraler Bestandteil deutscher Nationalgeschichte im kollektiven Gedächtnis ebenso schmerzhaft aus, wie er – die andere Variante – als Motiv der Verdrängung sein Blendwerk weiter in ihm verrichtet.

Die rassenideologisch motivierte Ausrottung vermeintlicher »Reichsfeinde« und vorgeblich »lebensunwerten Lebens« oder fundamentaler: die Vernichtung außerhalb einer jeden Ausbeutungs- und Verwertungslogik muß die kapitalismuskritische Reduktion des Faschismus Lügen Strafen. Die Besonderheit des Nationalsozialismus liegt also auch in der durch die Massenvernichtung erfolgte Transzendierung bloß ökonomischer Kalküle. Damit ist aber das politische Identitäten stiftende Theoriekonstrukt eines Ineinander von Kapitalismus und Faschismus zur Gänze annulliert – mit all den sich daraus ergebenden Folgewirkungen für theoretische wie psychische Gewißheiten einer postfaschistischen Linken in Deutschland. Dies mag im übrigen mit ein Grund dafür sein, daß sich gerade die ihrem Selbstverständnis nach marxistisch orientierte Linke, wenn, dann nur sehr spät, der Realität der Massenvernichtung zu stellen bereit war. In der Tat dräute im Hintergrund die Annahme, man fände sich ansonsten auf das zurückgeworfen, was allenfalls als konservative Finte abgetan wurde: sich nämlich nochmals auf die Selbstverortung innerhalb der Kollektivgeschichte zu besinnen, um von da aus jenes Maß an Distanz der Vergangenheit gegenüber zu realisieren, wie es ohne Flucht in die Welt der Abstraktion und des Selbstbetrugs erreicht werden kann.

Spätestens die deutsche Vereinigung hat eine derartige Konfrontation neuerlich erzwungen. Die Selbstauflösung der DDR hat die letzte, nur noch hauchdünne, symbolisch aber umso wirksamere Decke antifaschistischer und somit identitätsstiftender Gewißheit eingerissen. Mit dem Ende des antifaschistischen Staates deutscher Nation ist auch die theoretische Verschwisterung von Kapitalismus und Faschismus zu Grabe getragen worden. Das Selbstverständnis der Linken hat dabei Schaden gelitten, der sein Gutes hat: er könnte einem geläuterten wie historisch bewußten, politischen Denken Auftrieb geben.

Anzunehmen, hier werde die für linkes Bewußtsein in Deutschland konstitutive Abscheu vor den Verbrechen des Nationalsozialismus in Abrede gestellt, wäre ein Mißverständnis. Ganz im Gegenteil. Gerade jene, die in der frühen Phase ihrer Entstehung den Weg zur Neuen Linken gefunden hatten, waren zuallererst durch die schiere Unfaßbarkeit der nationalsozialistischen Verbrechen aufgebracht und politisiert worden. Der Stachel im Fleisch ihres politischen Aufbruchs waren Verbrechen, die in ihrem Alb durch keine Faschismustheorie zu rationalisieren sind. Aber die bald darauf erfolgende Fluchtbewegung in die allgemeinsten Verallgemeinerungen des Schrekkens nahm der Bewegung das schmerzende Mal, unter dem man zuvor angetreten war. Zurück blieb jene ins Abstrakte verflüchtigte Erklärung allen Unbills in der Welt – eine Generalisierung, die man für universalistisch begründete Kritik hielt und für den bald darauf und in unerkannt gebliebener, durchaus deutscher Tradition, der Westen als solcher haftbar gemacht wurde. Endgültig brachte es der Golfkrieg an der Tag.

Die Vereinigung Deutschlands bedeutete das offensichtliche Ende der DDR. Sie ging aber auch mit einem Bedeutungsverlust der alten, teilstaatlichen Bundesrepublik einher. Im neuen Gesamtstaat findet sich das nationale Selbstverständnis des

Gemeinwesens zunehmend betont. Zwar waren auch schon in der alten Bundesrepublik Tendenzen zu verzeichnen, die stärker ins Nationale wiesen. Deren historischer Ort konnte indes noch nicht ganz ausgemacht werden. In der Protestöffentlichkeit dieses Landes etwa, die sich aufgrund ihres oppositionellen Selbstverständnisses von jeder national eingefärbten oder gar nationalistischen Haltung frei dünkte, schienen schon verhältnismäßig früh Motive und Symbole einer Vorstellungswelt auf, der durchaus noch das Prädikat eines im nationalen Sinne Vorpolitischen zukommt. Sie blieb auch deshalb lange außer Verdacht, weil sie sich der Sprache der Sozialkritik bediente.
Die Verschiebung vom sozialkritisch orientierten Protest hin zu einer partikular deutsch eingefärbten Perzeption der Wirklichkeit dürfte sich etwa Ende der 70er Jahre vorbereitet haben, als ein durchaus begründeter ökologischer Protest sich zunehmend in apokalyptischen Weltdeutungen verlief. Massiv beschleunigt wurde diese Tendenz von dem die Republik erschütternden Konflikt um die Stationierung amerikanischer Mittelstreckenraketen in Europa – eine Legitimationskrise, die nicht zuletzt durch die von Kanzler Helmut Schmidt angestoßene Debatte zur sowjetischen Überlegenheit bei diesen Waffen ausgelöst wurde.
An dem sich daran anschließenden Streit stach mehreres ins Auge: der Umstand etwa, daß den Amerikanern pauschal eine unersättliche und ihrer vermeintlichen Natur geschuldete Rüstungsgier vorgeworfen wurde; sich selbst wiederum gefiel der rechthaberische Pazifismus in der verhalten aggressiven Pose prinzipieller Unbescholtenheit. Dem muß ganz unbemerkt ein bedeutsamer Wandel vorausgegangen sein. Auffällig an ihm war – auch und gerade angesichts des nur wenige Jahre zuvor entwickelten Engagements für bewaffnete und als »gerecht« empfundene Kämpfe – der Umstand, daß zwar nicht die Form, wohl aber der Gegner gleich geblieben ist. Im Fadenkreuz standen primär die USA – sowohl in der Dritten Welt und jetzt auch im als »besetzt« empfundenen Deutschland. Der bald darauf erhobene Vorwurf an beide Supermächte – Amerikaner und Russen – sie trügen sich mit der Absicht, die Welt, vor allem aber Deutschland, wenn nicht zu vernichten, so doch die

Vernichtung atomstrategisch billigend in Kauf zu nehmen, ließ die zunächst ganz allgemein vorgetragene Rüstungskritik ins Nationale kippen. Und bei aller hierbei intendierten Gleichsetzung der Supermächte: den USA blieb weiterhin und traditionellerweise der erste Rang als Bösewicht vorbehalten. Sie sollten insbesondere Deutschland, am besten auch gleich ganz Europa verlassen. »Ami go home!« lautete die Parole einer sich antiimperialistisch dünkenden Attitüde wider die Blöcke – gegen Ost und West.

Langsam aber stetig sollte der Massenprotest die politische Sprache und die sie tragenden Weltbilder in Richtung eines nationalen Motivwandels verschieben. Der etwa zehn Jahre darauf einsetzende Umbruch in Osteuropa, der letztendlich zum Wegschmelzen der DDR und zur nationalen Einheit Deutschlands führte, hat zwar mit jener vorgelagerten Entwicklung unmittelbar nichts gemein – koinzidierte jedoch mit ihr und erzeugte neuen Auftrieb. Träger der Entwicklung sind nun nicht mehr esoterisch erscheinende Protestgruppen, sondern die von ihnen durchwirkte Sphäre der politischen Kultur als ganze.

Der auf das Jahr 1989 datierende Wandel bedeutet einen tiefen Einschnitt im Selbstverständnis und Selbstbewußtsein der Deutschen. Während der vorausgegangenen vier Jahrzehnte war die »Identität« beider deutschen Gemeinwesen noch ganz anders konstituiert gewesen. Beide deutsche Staaten definierten sich, wenn auch gegensätzlich, so doch auf der Grundlage politischer und gesellschaftlicher Wertbezüge. Jedenfalls nicht national. Die DDR begriff sich sowohl als Territorialisierung des antifaschistischen Credos, wie einer mythologisierten KPD-Geschichte. Auch die Bundesrepublik bezog sich in ihrer Selbstdefinition auf die Zeit der »nationalsozialistischen Gewaltherrschaft« wie die offiziöse Benennung jener Epoche im Weststaat lautete. Hier galt die Aufmerksamkeit dem Herrschaftssystem allein, während die äquivalente Staatsreligion des Antifaschismus in der DDR ganz auf die Ökonomie abstellte, weshalb stolz auf den in ihrem Bereich abgeschaffenen Kapitalismus verwiesen wurde. Daß in beiden deutschen Teilstaaten der Kernbereich nationalsozialistischer Politik – Ras-

sismus und Massenvernichtung – in der politischen Kultur und im jeweiligen Selbstverständnis eher klein geschrieben wurde, sei hier nur am Rande erwähnt. Typisch für die ideologisierten Wahrnehmungsmuster der DDR war im übrigen, daß dort der politisch doch minoritäre Widerstand gegen den Nationalsozialismus über alle anderen Opfer der Nazis triumphieren durfte. Wichtig für die Ausbildung politischer Kultur und ihres Referenzrahmens ist jedenfalls die Tatsache, daß beide deutsche Staaten sich ihrer Selbstversicherung wegen letztendlich sozialwissenschaftlich inspirierter Theorieformen bedienten, die es ihnen gestatteten, sich sowohl in ihrem Gegeneinander als auch in ihrem jeweils unterschiedlichen Verständnis des Nationalsozialismus zu profilieren. Die DDR zog die ökonomistische Faschismustheorie heran, kraft derer das gegnerische Staatsgebilde im Westen in nächste Nähe zum Dritten Reich gerückt werden konnte – die Bundesrepublik bediente sich dementgegen der im Westen aktuellen Totalitarismustheorie, mittels derer die antifaschistische DDR leichthin in eine direkte systematische Nachbarschaft zum totalen SS-Staat versetzt werden konnte.
Wie immer sich die jeweils sozialwissenschaftlich grundierten Legitimationen auch voneinander unterschieden und welches Bild des Nationalsozialismus sie auch im Blick gehabt haben mochten, für beide in einem bürgerkriegsähnlichen Gegensatz globalen Charakters verorteten Staaten war die politische Sprache und Kultur wesentlich von einem gesellschaftlichen Wertekanon bestimmt. Nicht als deutsch klassifizierte Nationen standen sich gegenüber, sondern liberale Freiheit einerseits und die zur Wirklichkeit werdende Utopie buchstäblicher Gleichheit und Freiheit andererseits.
Die Situation war eine paradoxe Folge der wiederum national beklagten deutschen Teilung. Nationale Motive und Symbole des Deutungsinstrumentariums von Wirklichkeit fanden sich neutralisiert und ins Soziale verlegt. Die Bundesrepublik – das in der Bezeichnung des Gemeinwesens nachfolgende »Deutschland« entfiel im politischen Vokabular des Alltags nicht zufällig – war vor allen Dingen ein Verfassungsstaat. In ihm waren der Schutz individueller Freiheiten gegen den

Staat, die Durchsetzung kollektiver Beteiligungsrechte der Verbände, die Gestaltung der Wirtschafts- und Sozialordnung und andere Vertretungs- und Verteilungsfragen zentral gewesen – nicht jedoch die Nation. Dort, wo ihr wohl noch am ehesten Raum hätte verschafft worden können – im Bereich der Außenpolitik – war die Bundesrepublik entweder als ein Staat minderer Souveränität angesehen oder derart in das westliche Bündnis eingebunden, daß Partikulares und in der politischen Semantik des Nationalen Konzipiertes nicht recht zum Zuge kam. Dadurch lebte man entlastet von Gefährdungen, die das Gemeinwesen und sei es in der Form innerer Skandale, die mit der Vergangenheit zu tun hatten, auf seine wenig erquickliche Nationalgeschichte gestoßen hätten. Sicherlich wurde häufig und immer wieder über die Nation debattiert. Doch waren solche Debatten eher mit der als unpolitisch erachteten Bewältigung nationaler Geschichte befaßt als mit politischen Handlungsoptionen. Von einer Politik, die darauf verwiesen gewesen wäre, sich der Kategorien des Nationalen zu bedienen, konnte jedenfalls keine Rede sein.

Mit dem Ende des Kalten Krieges und des ideologischen Gegensatzes zwischen Ost und West geht also auch ein Paradigmenwechsel bundesrepublikanischer Selbstverständigung einher. Die politische Sprache, mitsamt ihrer Codes und Chiffren, ist gehalten, sich auf neue Weltbilder einzustellen. Denn die Öffnung des Ostens hat nicht nur die politische Topographie des Bewußtseins verändert. Überhaupt lebt eine in nationaler Syntax verfaßte Wahrnehmung von Wirklichkeit wieder auf. Europa nationalisiert sich – und dies, obwohl sich der Wandel, der den Verfall des realen Sozialismus begleitete, doch vor allen Dingen der Werte der Freiheit und insbesondere der Freiheit des Einzelnen gegen den Staat zu versichern trachtete.

Abschied vom Westen – Deutschland redivivus

Für Deutschland war mit dem Ende des realen Sozialismus und im Unterschied zu den Ländern des ehemaligen politischen Osteuropas, die gänzlich dem Herrschaftsbereich des Kommunismus angehörten, nicht nur eine Systemfrage verbunden. Der Kollaps Ostmitteleuropas bescherte Deutschland die Einheit der Nation und führte mithin zur Wiederaufnahme der Kontinuitätsfäden nationaler Geschichte. Darauf muß im übrigen auch die eher latente, als manifeste Unruhe zurückgeführt werden, die in einigen und interessanterweise westlichen Nachbarländern Deutschlands im Zuge der Vereinigung aufkam. In Frankreich, dem Mutterland der Menschenrechte etwa, wurde der Triumph des westlichen Wertekanons im ehemaligen politischen Osteuropa zweifellos auch als ein eigener Sieg begrüßt. Aber als eine immer auch in traditionellen Machtkategorien denkende »Grande Nation« hat es empfindliche Einbußen hingenommen, folgte dem Durchbruch der Freiheit doch die Wiedergewinnung der deutschen Einheit. Der sich öffnende Raum Mitteleuropas macht durch eine sich nun für Deutschland zusätzlich einstellende Orientierungsoption die im großen und ganzen doch ausschließlich westeuropäisch gemeinte Integration nicht zunichte, verunsichert sie aber durch Varianten, die Deutschlands Bedeutung erheblich aufwerten. Zwar liegen solche Eventualitäten nicht auf der Hand, sie scheinen angesichts der ökonomischen Dichte Westeuropas, dem wesentlicheren Exportraum der Deutschen, auch wenig wahrscheinlich, doch werden dem Gedächtnis

der Völker eingeschweißte historische Konstellationen reaktiviert.
All dies mag zu Irritationen und Differenzen zwischen Deutschland und Frankreich führen – etwa anläßlich der neu aufgeworfenen Balkanfrage. Frankreich ist offensichtlich stärker als Deutschland bemüht, die supraethnische Einheit Jugoslawien zu erhalten. Wahrscheinlich spielt dabei eine Tradition französischer Politik mit, die nach dem Ersten Weltkrieg entwickelt wurde und dem neu geschaffenen »Königreich der Serben, Kroaten und Slowenen« unter anderem die strategische Funktion zuwies, einer neuerlichen Ausdehnung des Deutschen Reiches im Rahmen seiner während des Großen Krieges entwickelten Mitteleuropakonzepte im Wege zu stehen. Dazu gehörte auch jener vertraglich stipulierte Riegel, der einem Anschluß Österreichs an Deutschland vorgeschoben wurde.
Es mag also immer noch psychologischer Ausfluß des in der Zwischenkriegszeit etablierten französischen Bündnissystems der Kleinen Entente sein, die vordergründig ungarische Grenzrevisionen, eigentlich aber Revisionen der Pariser Verträge schlechthin und damit das Wiedererstarken des Deutschen Reiches blockieren sollte, wenn sich heute Differenzen deutscher und französischer Politik auf dem Balkan andeuten. Jedenfalls scheint es der französischen Politik eher zu entsprechen, die Staatlichkeit Jugoslawiens wahren zu wollen, nebenbei bemerkt eine Haltung, die auch von den USA favorisiert wird. Aus Bonn, um nicht Berlin zu sagen, wird Unentschiedenes vermeldet. Dort scheint man geneigt, dem nicht unproblematischen Prinzip ethnisch grundierter, nationaler Selbstbestimmung den Vorzug zu geben, womit eine durchaus traditionelle deutsche Haltung in Mitteleuropa bekräftigt wäre.
Nun mögen all diese Unterschiede in der Tat bloße Differenzen der Form sein, längst überkommen und in ihrer Wirkung auch nicht eigentlich intendiert. Dennoch enthüllen sie bei näherem Hinsehen Struktur. Die Auflösung oder Aufweichung multinationaler und multiethnischer Gemeinwesen in Europa – und dies betrifft nicht nur Jugoslawien, sondern neben weniger bedeutsamen Staaten, wie die Tschechoslowakei, vor allem die

Sowjetunion – würde Deutschland, dem neben Rußland bevölkerungsreichsten, ökonomisch zweifellos aber potentesten Nationalstaat in Europa, eine dominierende Rolle einräumen. Dessen dann ungeheures Gewicht präformiert nolens volens Hegemonialverhältnisse.

Nun muß Hegemonie, also Führung, a priori nichts Schlechtes sein. Es gibt nun einmal stärkere und weniger starke Gemeinwesen, wie es starke und schwache Währungen gibt. Das Faktum der Stärke ist an und für sich nichts Verwerfliches. Problematisch dürfte sich vielmehr der in der Tat bemerkenswerte Umstand ausnehmen, daß in Deutschland von der Wirklichkeit einer solchen Stärke gegenwärtig nicht gerne gesprochen wird. Man reagiert wie auf ein Tabu. Eine »Kannitverstan«-Position überwiegt und mit ungläubigem Kopfschütteln gibt man vor, ganz außerstande zu sein, die politischen Zeichen der Macht auch nur entziffern zu können. Zumindest die Einsicht in ein das zukünftige Europa durchherrschende mögliche Kraftgefälle sollte verantwortliche Politiker und meinungsbildende Publizisten veranlassen, sich einmal öffentlich Gedanken darüber zu machen, wie die Potentiale Deutschlands für eine noch stärker fundierte europäische Integration nutzbar gemacht werden könnten. Statt dessen scheint man die Augen zuzudrücken und so zu tun, als habe sich in Wahrheit doch gar nichts verändert, um im Falle der Fälle womöglich unirritiert den nationalen Interessen die Vorfahrt zu geben. So handelte die Bundesregierung nach dem 9. November 1989 ausgesprochen eigenständig. Alle Bekenntnisse, Treueschwüre und Elyssee-Verträge schienen vergessen, als man sich durch die Umstände unter Handlungszwang gesetzt sah und ohne Absprache mit den französischen Nachbarn die deutsche Einheit vorantrieb.

Es mag sich wirklich um eine Ausnahme gehandelt haben – und ähnlich gelagerte Umstände sind in der Tat kaum vorstellbar, sieht man von katastrophischen Zusammenbrüchen im Osten ab, die neuerlich zu Handlungszwängen und Alleingängen führen könnten. Jedenfalls wurde anläßlich eines nationalen Ereignisses mit Ausnahmecharakter deutlich, daß die Bundesregierung durchaus zu Alleingängen fähig und bereit ist.

Stimmt aber, daß Ausnahme spätere Regelzustände wie in blitzartiger Erleuchtung aufscheinen lassen, dann gewährte die Politik nach dem Mauerfall einen jähen Einblick in zukünftige Möglichkeiten.

Deutschland ist nicht nur politisch wiedervereinigt. Mit der Vereinigung Deutschlands hat sich in unmittelbarer, geographischer Nachbarschaft ein Kulturraum geöffnet, dem Deutschland in einem hohen Maße historisch zugewandt war. Daß die deutsche Sprache in Mittel- und Ostmitteleuropa zunehmend wieder als lingua franca verwendet wird, ist nur ein Indiz dieser geschichtlich verankerten Affinitäten. Selbst dort, wo die Menschen traditionell eher philorussisch eingestellt waren, also etwas bei den Tschechen, haben das mit Rußland ineinsgesetzte kommunistische System und die Prager Ereignisse des Jahres 1968 dazu beigetragen, dem in unübertroffener Wirtschaftsblüte stehenden Deutschland einen Bonus auszustellen, der alle nationalsozialistische Vergangenheit vergessen macht.

Da das menschliche Gedächtnis ein Zeitgedächtnis ist, können solche Entwicklungen eigentlich nicht überraschen. Die Präsenz des Kommunismus und der als russisch empfundenen Sowjetherrschaft hat nun einmal länger angedauert, als die Usurpation und die Massenverbrechen der deutschen Nazis. Überdies darf nicht unterschätzt werden, daß jüngste Vergangenheiten in der Chronologie des Erinnerns dominieren, weshalb der deutsche Bonus mittels des später eingetretenen russischen Malus zusätzlich verstärkt wird.

Anzunehmen, daß Deutschland sich zukünftig wieder stärker ostwärts orientieren wird, ist also keine gewagte Spekulation. Dabei meint das Attribut »östlich« etwas völlig anderes, als der politische Begriff des Ostens während der Zeit des Kalten Krieges. Die metaphorisch durch die Bezeichnungen der Himmelsrichtungen gefaßten politischen Begriffe »Ost« und »West« gewinnen ihre alte, kulturgeographische Bedeutung zurück. Im Unterschied zur Semantik des Systemkonflikts, wo das in der westlichen Hemisphäre liegende Kuba gleichwohl zum Osten gehörte, sind die jetzt hervortretenden kulturtopographischen und zivilisationsgeschichtlichen Konnotationen dieser Orien-

tierungen ganz anders gewirkt – oder jedenfalls fast ganz anders.
Es kann nicht darum gehen, die gegenwärtig wieder aufbrechenden Differenzen zwischen Ost und West unter- und außerhalb ihrer bislang gültig gewesenen Semantik zu thematisieren. Für den aktuellen Zweck dürfte der Hinweis genügen, daß die etwas altertümlich anmutenden Differenzen zwischen Ost und West in Europa auf verschiedene Bezüge verweisen. Solche Verweisungen betreffen etwa die Unterscheidung zwischen der Welt der westlichen Christenheit und Byzanz oder die Differenz zwischen Gebieten, die historisch zum osmanischen Reich gehörten, im Gegensatz zu jenen, die einmal Teile der Habsburger Einflußsphäre waren. Der kriegerische Volksgruppenkonflikt nationalen Charakters, der zwischen orthodoxen Serben und katholischen Kroaten aufgebrochen ist, verläuft just entlang der ehemaligen habsburgischen Militärgrenze zu den Osmanen. Ähnlich konfessionell grundierte Spannungen und nationale Zuordnungen lassen sich auch in der Ukraine ausmachen. Außerdem ist beispielsweise die Tatsache bemerkenswert, daß in ehemaligen kommunistischen Staaten, die im geografischen Bereich lagen, der früher unter osmanischer Herrschaft stand, wie Bulgarien, Rumänien und Albanien, bei den ersten Wahlen nach dem Zusammenbruch des Systems die gewendete kommunistische Partei weiterhin die meisten Stimmen erhielt, während in den katholischen Ländern Ungarn, Polen und der protestantisch-katholisch gemischten ČSFR die ehemals oppositionellen, ja dissidentiellen Organisationen und Parteien in jeweils unterschiedlicher, den Formen des Systemwandels entsprechenden Verfahren die Regierungsgewalt an sich brachten. Ohne dem »abendländischen« Europa im Unterschied zum orthodoxen nun eine stärkere Neigung zu Freiheitsgarantien zuweisen zu wollen, sticht die Differenz immerhin ins Auge.
Die kulturelle und zivilisatorische Differenz zwischen westlichen und östlichen Ländern gilt auch für Deutschland. Hier ist weniger von historisch gewachsenen, konfessionellen Eigenarten die Rede, als vom traditionellen Selbstverständnis dieses Landes, das eigentlich weder dem Osten noch dem Westen an-

gehören wollte, sondern so etwas wie eine eigenständige Mitte anstrebte. So schreibt sich Deutschland eine Brückenfunktion zu. Und da von einem politischen Osten und Westen nach dem Ende des Kalten Krieges eigentlich nicht gesprochen werden kann, dürfte das Konzept des Brückenschlages Implikationen in sich bergen, die nicht auf eine Vermittlung zwischen den Supermächten hinausläuft, sondern den Umstand herausstellen will, daß Deutschland kulturell wie zivilisationsgeschichtlich außerhalb des Westens angesiedelt ist. Die Debatte um den deutschen Sonderweg politischer Kultur findet hier ihren systematischen Ausgangspunkt.

Nun mutet es überkommen an, das alte Gegensatzpaar zwischen westlicher Zivilisation und deutscher Kultur für das Verständnis aktueller politischer Vorgänge zu reaktivieren. Deutschland, genauer wohl: sein westlicher Teil hat während der Ära der alten Bundesrepublik dank der von Konrad Adenauer eingeleiteten und stetig betriebenen Einbindungspolitik eine substantielle Integration in den westlichen Zivilisationszusammenhang erfahren. Dennoch ist in Deutschland manch tradierte Differenz zum westlichen Westen spürbar, jenem originären Bereich der atlantischen Revolution, von dem auch weiterhin als einem überragenden Kraftfeld und Innovationszentrum wegweisende, zivilisatorische Impulse ausgehen. So – und nicht mehr in dem fast mit ihm deckungsgleichen, politischen Begriff im Sinne des Kalten Krieges – läßt sich das Wort vom Westen heute verstehen.

Die traditionelle Differenz Deutschlands zum Westen ist angesichts des Krieges am Golf nochmals virulent geworden. Vor dem Hintergrund der umwälzenden Veränderungen in Europa und der Vereinigung Deutschlands kann diesem Ereignis eine durchaus einschneidende Bedeutung für eine eventuell zunehmende Distanzierung gegenüber dem westlichen Westen zukommen. Gemeint ist – wie gesagt – der Westen, in dessen Zentrum politische Kulturen angesiedelt sind, die ein wiederum altertümlicher Sprachgebrauch angelsächsisch nennt. Soll der gerade in Deutschland auffällig schrille Protest gegen den Krieg am Golf in jener disparaten Geographie politischer Kulturen kontextuiert werden, drängt sich der Eindruck auf, das kollektive Bewußtsein habe die Ereignisse am Golf nach der Wiedergeburt Mitteleuropas in einem vereinigten Deutschland zum Anlaß genommen, zu eben jenem westlichen Westen angelsächsischer Provenienz wieder auf Distanz zu gehen. Trifft diese Beobachtung, dic gewisse Evidenzen für sich reklamieren kann, zu, dann wird sich der Golfkrieg in Deutschland gerade bei der jüngeren Generation als psychopolitischer Einschnitt auswirken, der die in vier Jahrzehnten gewachsene, westliche Einbindung bundesdeutscher politischer Kultur lokkern dürfte. Würde Deutschland, wie sichtbare Anzeichen signalisieren, vom westlichen Westen abrücken, dann war der Krieg am Golf auch ein deutscher Krieg.

Bis zur Vereinigung ist es der Ost-West-Gegensatz gewesen, der die alte Bundesrepublik an den Westen band. Die Bonner Republik hatte ein existentielles Interesse an der Präsenz der Amerikaner auf deutschem Boden. Aus der Vergangenheit in die Jetztzeit hineinragende und sich über den Zweiten Weltkrieg wohl noch verstärkende angelsachsenfeindliche, moderner gesprochen: antiamerikanische Tendenzen im kollektiven Bewußtsein der Deutschen blieben unterdrückt. Die Macht des über vierzig Jahre lang wirksamen Gegensatzes zum politischen Osten konnte sie depotenzieren. Der Golfkrieg scheint die Schleusen wieder geöffnet zu haben.

Keineswegs soll hier ihre unmittelbar bevorstehende Wiederkehr annonciert werden. Gleichwohl finden sich Spurenelemente des Alten. Daß der Hinweis auf jene Traditionselemente mit heftigen Reaktionen und tiefem Unverständnis bedacht wird, macht besonders mißtrauisch. Solch simuliertes oder faktisches Nichtverstehen stellt in der Tat ein Hindernis für den Versuch dar, sich über antiwestliche Distanzierungstendenzen auch nur zu verständigen. Wer behauptet, in Deutschland sei ein Antiamerikanismus spürbar, der sich von kritischen Reaktionen auf US-amerikanische Politik in strukturell vergleichbaren Ländern kulturell unterscheide, nämlich eine besonders gesteigerte Feindseligkeit erkennen lasse, wird häufig mit ungläubigen bis feindseligen Reaktionen bedacht. Um den Vorwurf des Antiamerikanismus abzuwehren, bemüht man sich, alle möglichen und unmöglichen Thesen zu mobilisieren, die das Gegenteil beweisen sollen. Populäre Eßgewohnheiten werden ebenso wie weitverbreitete Textilien angeführt, eindringlich wird die Rezeption liebgewordener Musik bemüht, auf die Tatsache verwandter Lebensformen in Deutschland und den USA ganz allgemein verwiesen. In erklärtermaßen besseren Kreisen wird nicht zuletzt die Pflege stetiger individueller Kontakte über den Atlantik hinweg betont, persönlicher Beziehungen, die zur Visitenkarte der politischen Klasse und der Wissenschaftskultur der Bundesrepublik gehören. Demzufolge wäre die Bundesrepublik das amerikanisierteste Land Europas.

All das trifft mit Sicherheit zu. Und dennoch zielen die gut gemeinten Hinweise ins Leere. Das westliche Deutschland ist sowohl amerikanisiert – was nicht unbedingt ein Kompliment bedeuten muß – wie in untergründiger Weise von Spuren eines kulturellen Antiamerikanismus durchzogen, die in besonderen Lagen sporadisch an die politische Oberfläche dringen und gegen den erklärten Willen ihrer Träger durchaus wirksam sind. Traditionell ist der Antiamerikanismus in Deutschland nicht ausschließliche Domäne der Rechten oder bodenständiger Reaktionäre gewesen. Auch das sogenannte Bildungsbürgertum rümpfte um die Jahrhundertwende und bis in die Weimarer Republik hinein die Nase, wenn es um die Kulturlosigkeit der Neuen Welt ging. Dorthin waren ja ohnehin nur diejenigen ausgewandert, die im alten Europa zu nichts zu taugen schienen. Daß die Völkischen auf das alle Tugenden verderbende Völkergemisch der USA nicht gut zu sprechen waren, bedarf wohl keiner weiteren Ausführung. Interessanter ist die Haltung der Linken. Abgesehen von biederen Sozialdemokraten und Gewerkschaftern, die Amerika durchaus neugierig und wohlwollend gegenüberstanden, es natürlich gerne gesehen hätten, wenn dem dortigen Kapitalismus sozialstaatliches Zaumzeug angelegt worden wäre, ergaben sich die radikalen Linken wie die zur Linken zählenden Intellektuellen – von Ausnahmen abgesehen – einem unterschiedlich stark ausgeprägten Antiamerikanismus. Dabei trafen sie sich in ihrer Kritik nicht selten mit den Konservativen, die in das Klagelied der Geldherrschaft und des Imperialismus der USA einstimmten.

Nimmt man sich die Bestandteile jener Amerika-Kritik genauer vor, wird sichtbar, daß ein offenkundiges Ressentiment vorliegt, das sich vor allem an Phänomenen der Tauschgesellschaft, des Handels und des Geldes, kurz: der Zirkulationssphäre entzündet. Es sind Bilder und Metaphern, die über Entwurzelung, Entfremdung und die globalisierte Macht des Pekuniären Klage führen, Topoi also, wie sie in der antisemitischen europäischen Tradition gemeinhin mit Juden in Verbindung gebracht werden. So ist es nicht verwunderlich, daß gerade nach der militärischen Niederringung des Nationalsozialismus in Deutschland – nicht zuletzt ein Verdienst der USA und ihrer Bündnispartner – zu hören war, jetzt erst werde hier der Kapitalismus eingeführt. Die vornehmlich den Amerikanern zugeschriebenen Zirkulationsmetaphern legen jedenfalls den Eindruck nahe, es handle sich beim europäischen und vor allem deutschen Antiamerikanismus um so etwas wie einen verstellten Antisemitismus.
Wie gesagt, die Linke war von jener zirkulationsfixierten Amerikakritik nicht frei – im Gegenteil. Dies mag auch damit in Verbindung stehen, daß linke Sozialkritik leichthin in einem Populismus münden kann, der sich von antikapitalistischen Ressentiments vormoderner Herkunft kaum unterscheidet. In Paraphrase auf August Bebels Rede vom Antisemitismus als dem Sozialismus der dummen Kerls ließe sich Ähnliches auf die unterschiedlichen Spielarten des Antiimperialismus münzen, der sich ressentimentgeladen an den Angelsachsen rieb.
In nächster Nähe zu solcher Ideologie waren auch die Nazis anzutreffen. Trotz aller Anglophilie Hitlers war die nationalsozialistische Rhetorik von den Elementen alldeutscher Englandfeindlichkeit durchsetzt. Die tauschfeindliche Überheblichkeit, die das deutsche Kulturvolk der vermeintlichen Krämernation entgegengebrachte, verdichtete sich zur grotesken Form eines nationalsozialistischen Antiimperialismus. Von manchen Führungseliten in kolonialen Ländern wurde er durchaus ernst genommen und sollte vor und während des Zweiten Weltkrieges zu peinlichen Bündniskonstellationen führen. Neben antibritischen Indern fanden profaschistische Persönlichkeiten etwa aus der arabischen Welt im nationalsozialistischen Deutsch-

land freundliche Aufnahme, um von dort aus sehnsüchtig einen nazideutschen Sieg gegen die Briten herbeizuwünschen. Nun wäre es ausgesprochen unfair, die sich in den dreißiger Jahren gegen die britische Herrschaft auflehnenden und Unabhängigkeit fordernden Eliten der arabischen Welt schlichtweg in die Nähe des Nazismus oder Faschismus zu rücken. Sicherlich hat der Faschismus als Massenbewegung eine erhebliche und genuine Anziehung auf die unterschiedlichen nationalen Bewegungen im mediterranen und vor allem arabischen Raum ausgeübt. Doch ist ihnen zu zugestehen, daß sie weder mit den Rassentheorien der Nazis vertraut waren, noch in den 30er Jahren hätten voraussehen können, wie sich das NS-Regime weiterentwickeln würde. Italien und Deutschland lag vor allem daran, England im geopolitischen Raum auf dem Wege nach Indien zu behindern, während die lokalen Eliten im Schatten der Kämpfe zwischen den Großmächten ihre Unabhängigkeitsbestrebungen realisieren wollten. Aber der verständliche, arabische Antizionismus konnotierte zusehends ins antisemitische, obschon dessen judenfeindliche europäische Wurzeln im Orient nicht unbedingt in Humus gebettet waren. Bis in die Gegenwart hinein sind in der arabischen Welt populäre Grundstimmungen zu verzeichnen, die Deutschland symphatisierend mit den Nazis gleichsetzen und den gemeinsamen Anti-Anglosaxonismus herausstellen. Die Feindseligkeit den Juden gegenüber ist dabei das verbindende Scharnier. So konnten die deutschen Proteste gegen den Krieg am Golf sowohl im Irak Saddam Husseins als auch in anderen orientalischen Staaten als eine Bestätigung und Fortsetzung jener zurückliegenden Affinitäten aufgefaßt werden, auch wenn die jungen Demonstranten – von Saddam bekanntlich als »gute Seelen« gewürdigt – derartige Kontinuitäten sicherlich bestritten hätten. Die Konstellation des Krieges wurde in der Propaganda des Irak mit derjenigen des Zweiten Weltkriegs analogisiert. Einer Wiederauflage des Gegensatzes zwischen Angelsachsen auf der einen und Deutschen wie Japanern auf der anderen Seite wurde das Wort geredet, nur daß es sich diesmal um einen gleichsam vorgezogenen Wirtschaftskrieg zwischen den ehemaligen Gegnern handle, der indirekt und mittels der

Kontrolle über die arabischen Ölvorräte ausgefochten wurde. Vor dem Hintergrund der geschichtlichen Reminiszenzen gestalteten die Friedensdemonstranten ein historisch gewirktes Szenario, in dem sich die Vergangenheit für die andere Kultur, jedenfalls im Irak, spiegelte, als wüßten die hiesigen Akteure, in welchem Rollenspiel sie auftreten.

Die aktuell aufgebrochenen Tradtionsbezüge sind tatsächlich älter und auch tiefer verankert, als man prima vista meinen würde. Schon lange vor der Zeit des Nationalsozialismus setzte sich der Antikolonialismus des arabischen Raumes in ein Verhältnis zum Volksbegriff der deutschen Romantik, wie er sich zunächst während der »Befreiungskriege« gegen Napoleon ausgeprägt hatte, um später dann in ausgesprochen reaktionärer Weise gegen den – wie man in Deutschland sagte – französischen Rationalismus und englischen Utilitarismus mobilisiert zu werden. Die nationalromantische Tradition wurde im Orient deshalb bereitwillig aufgegriffen, weil der deutsche Volksbegriff in seiner kulturellen Bedingtheit zum Einen den vorterritorialen Umständen der sich ausbildenden arabischen Nation entsprach, ganz im Gegengesatz zum Modell der wesentlich abstrakteren und territorial verfaßten westlichen Nation wie etwa der französischen. Aufnahme fand er zum Anderen, weil England und Frankreich als die im Vorderen Orient agierenden Kolonialmächte in historischer und traditioneller Gegnerschaft zu Deutschland gesehen wurden. Aus diesem Arsenal historischer Erinnerung und ideengeschichtlicher Anlehnungen speiste sich die deutsche wie arabische Tradition politischer Kultur, in beiden Fällen gegen den westlichen Westen gerichtet. Daß diese Topoi wesentlich rhetorischer Natur sind und eher Stimmungen entsprechen, macht vielleicht gerade ihre Langlebigkeit aus.

Während des Krieges am Golf artikulierte sich der Protest ganz zentral über eine Formel, die dem historischen Fundus klassisch antiwestlicher Affekte entnommen zu sein schien. Die Rede ist von jener mobilisierenden Parole »Kein Blut für Öl«. Dichotomisch angelegte Motive sind in ihr beschlossen, die für die Absetzung von allem, was Amerika zugesprochen wird, besonders signifikant sind. So wurde der als pharisäerhaft abgetane Anspruch der Vereinigten Staaten, den Krieg gegen Saddam Hussein universeller Prinzipien wegen zu führen, mit Hohn bedacht. Den idealistischen Auslassungen wurde die dunkle Seite des wirklichen und materiellen Begehrens entgegengehalten: die westliche Gier nach Öl.

Nun wäre es Irrtum und Dünkel zugleich, ausschließlich auf das Öl zu schielen und den Appell an Prinzipien überhaupt nicht ernst zu nehmen. Dem Westen würden ausschließlich utilitaristische und interessengeleitete Beweggründe der engeren Art unterstellt. Zweifelsohne sind angelsächsische und amerikanische Prinzipienvorstellungen wahrlich keine interesselosen Liebeserklärungen an irgendwelche himmlischen Instanzen. Sie sind nicht Ausdruck des guten Willens und reinen Gewissens, sondern einer kontraktualistischen politischen »Philosophie«. Aufgrund einer Tradition weitestgehender Entstaatlichung des gesellschaftlichen Gefüges in den USA hat das zivile Normengeflecht eine erhebliche ordnungspolitische Bedeutung. Dabei treten Normen unterschiedlicher Dichte auf – von sozialen Verhaltensnormen bis hin zu niedergelegten Rechtsnormen. Zu diesem Normenkomplex variierender Dichte zählen auch Prinzipien, die allgemeinste Ecksteine der Orientierung sozial kalkulierbaren und damit auch gesellschaftlich voraussehbaren Verhaltens darstellen. Wenn amerikanischerseits von Prinzipien die Rede ist, wird in der Regel von einem relativ losen, kulturell verfaßten Verhaltenskodex gesprochen, der gegenseitige Verpflichtungen in sich birgt, auch wenn nicht unmittelbar kontrahiert worden ist. Eigentumsprinzip und Eigentumsschutz mögen als Grundbestand interessengeleiteten Verhaltens dem Kernbereich eines solchen Wertekanons angehören. Von daher auf unmittelbare und mit militärischer Gewalt durchzusetzende »Interessen« in einem engeren und konkreten Sinne zu schließen, ist schlichter Ökonomismus, der mehr mit ideologisch aufgeladenen Projektionen als mit der Analyse wirtschaftlicher Handlungsrationalitäten gemein hat.

Daß ein utilitaristisch eingefärbter Wertekanon eher dem angelsächsischen – vor allem dem amerikanischen – Zivilisationszusammenhang korrespondiert als spezifisch deutschen

Prägungen, wo der Anspruch konfessionell anmutender Letztbegründung leichthin die politische Kultur zu vergiften vermag, ist wohl wahr. Wahr ist aber auch, daß eine solche politische Kultur die höhere Moral keineswegs verbürgt. Wie resistent solche Prägungen mitunter sein können, war während des Golfkrieges zu studieren. Da maßte sich die Protestöffentlichkeit gegenüber einer gefallenen Welt an, das Bessere zu verkörpern. Aus neuem Überlegenheitspathos heraus konnte die kontraktualistisch inspirierte Kultur des Anderen, seine politische Sprache inklusive, in die Nähe des altvertrauten und überraschenderweise immer noch wirkungsmächtigen Bildes vom perfiden Albion gerückt werden.
Nichts anderes schien man in schierer historischer Umnachtung von sich zu geben, als Öl geschrien und das inkriminierte Interesse symbolisch und real zugleich stigmatisierend mit Tierblut befleckt wurde. Die Frage, ob das dominant christliche Blutmotiv noch an ganz andere Tiefenschichten des kollektiv Unbewußten rührte, sei dahingestellt. Das Spektakel verlebendigte jedenfalls eine geläufige Tradition: die bigotten Angelsachsen sprechen von Moral, meinen aber Öl.
Trotz aller Verwestlichung scheinen in Deutschland weiterhin ausgesprochen idealistische und antimaterialistisch pointierte Weltbilder vorzuherrschen. Die Entgegenstellung von Blut und Öl, von wohlmeinender politischer Moral und blankem, menschenfeindlichen Materialismus, war kein Intermezzo beliebig gefallener Mißverständnisse. Sie legte kulturell unterschiedliche Wertmaßstäbe offen, die eine gegensätzlich strukturierte historische Erinnerung obendrein noch bekräftigt.
Hier geht es vor allen Dingen um die im westlichen Westen wie selbstverständlich verwendete Analogie zwischen Saddam Hussein und Adolf Hitler. Der einschlägige Vergleich hat in Deutschland zu einem regelrechten Aufleben von Glaubenskämpfen geführt. In der Tat schien eine derartige Gleichsetzung den guten Geschmack zu verletzen, von Problemen historischer Akkuratheit gar nicht zu reden. Und dennoch wurde vermittels der Analogisierung eine bedeutsame kulturelle Differenz evident, die Deutschland vom westlichen Westen trennt. In der Tradition des westlichen Westens – bei den wesentlich

angelsächsischen Kriegsgegnern Hitlers – symbolisiert diese Person einen anderen historischen Erfahrungskontext, als im geschichtlichen Gedächtnis von Ländern, deren Bevölkerung Opfer von Lebensraumkrieg und Massenvernichtung waren. Ihr Schicksal macht den Namen Hitler zur Chiffre für Auschwitz, prägt also noch die symbolische Repräsentanz des Nationalsozialismus in Deutschland. Indes ist diese Symbolisierung nur eine von mehreren Varianten, in denen Erfahrungen des Zweiten Weltkrieges verdichtet wurden. Für die angelsächsische Geschichtserinnerung etwa nehmen andere Ereignisse die Schlüsselbedeutung an. So wird der Name Hitler in der politischen Kultur Großbritanniens und in ihrem Gefolge auch in den USA – vor allem bei den Eliten der Ostküste – zur Chiffre von Ereignissen, die mit dem Kontext der Jahre 1938/39 analogisierbar sind. Damals fand England seine eigentlich schon seit dem Jahre 1919 verfolgte Politik der Nachgiebigkeit dem Deutschen Reich gegenüber durch die Wortbrüchigkeit des Diktators Hitler desavouiert. Der Einmarsch in die von den Nazis sogenannte »Rest-Tschechei« markiert im britischen Bewußtsein das aus einer schmerzhaften Erfahrung resultierende Ethos, es nie wieder zu einem zweiten »München« kommen zu lassen, nie wieder irgendwelchen Diktatoren nachzugeben.
Spätestens nach Hitlers Einmarsch in Prag war England wild entschlossen, für das Prinzip einzustehen, kleinere Staaten in Europa vor dem Zugriff des Diktators Hitler zu schützen. Es entschloß sich, die territoriale Integrität Polens zu garantieren, selbst wenn es dafür in einen Krieg eintreten mußte, für den es kaum gerüstet war. Und bei aller den Kriegseintritt Englands begleitenden kommunistischen Propaganda von einem »imperialistischen Krieg« konnte damals weder von Öl noch von anderen Quellen in Polen die Rede sein.
Ein ökonomistisches Weltbild kann ein solches prinzipienorientiertes, politisches Verhalten nicht begreifen. Die entsetzte Verwunderung, mit der Hitler die an Deutschland gerichtete Kriegserklärung der verächtlich als Krämer denunzierten Briten zur Kenntnis nahm, sollte auch den letzten Leugner politischer Prinzipienfestigkeit irritieren. Worin der so leichtfertig – wenn nicht kulturell notwendig – übersehene Unterschied zwi-

schen einer auf Tauschformen basierenden bürgerlichen Zivilisiertheit und einer auf unmittelbarer Gewaltanwendung beruhenden Barbarei besteht, wird hier exemplarisch greifbar. Max Horkheimer und Theodor W. Adorno haben in einem der »Dialektik der Aufklärung« nachgereichten Aphorismus jenen feinen Unterschied zeitgerecht thematisiert. Unter dem Titel »Gegen Bescheidwissen« interpretieren sie Chamberlains Äußerung, Hitler und seine Forderungen seien »unreasonable« dahingehend, daß der Engländer moniere, Hitler habe der als selbstverständlich vorauszusetzenden Äquivalenz von Geben und Nehmen nicht entsprochen. Damit zerbräche auch alle am Tausch gebildete Vernunft.

Aus der Perspektive des westlichen Westens und seiner kontraktualistisch fundierten politischen Philosophie büßte Hitler allein schon aufgrund seiner Unkalkulierbarkeit und Wortbrüchigkeit jegliche Vertragsfähigkeit ein. Ohne Vertrauen in das völkerrechtsbegründende pacta sunt servanda ist in der wölfischen Staatenwelt keine Stabilität denkbar. Insofern war die Formel von der bedingungslosen Kapitulation, die Roosevelt und Churchill auf ihrem Treffen in Casablanca Deutschland gegenüber verkündeten, ihrem kontraktualistischen Verständnis von zwischenstaatlichem Verhalten völlig angemessen. Sie richteten keine Konditionen mehr an ein durch den ständigen Vertragsbruch disqualifiziertes Rechtssubjekt. Dessen Eliminierung war vielmehr die Voraussetzung einer neu zu begründenden Vertragsfähigkeit.

Mit unterminierter Vertragsfähigkeit ist in der politischen Sprache des westlichen Westens dann auch nicht zufällig das Wort vom Diktator verbunden. Spätestens seit der Soldatenherrschaft Napoleon III. blickten die Engländer mit tiefer Verachtung auf die als unzivilisiert bis despotisch geltenden politischen Systeme des Kontinents herab, während sie sich eines Selbstbewußtseins erfreuten, das an den Institutionen parlamentarischer Kontrolle, der Gewaltenteilung und der Herrschaft des Rechts seine Stützen hatte. In der zwischen furchteinflößender Despotie und entblößender Lächerlichkeit oszillierenden Gestalt des Diktators wird die Gefahr offenkundig, die von ihm für demokratisch verfaßte Gemeinwesen ausgeht.

So kann der Diktator aufgrund seiner absoluten, jeglicher Kontrolle entzogenen Macht unmittelbar, gleichsam aus dem Stand heraus, zur kriegerischen Handlung schreiten. Demgegenüber sichert die Transparenz des in der Demokratie formell regulierten Verfahrens – die notwendige und so auch beabsichtigte Schwerfälligkeit aller Entscheidungsfindung – ein erhebliches Maß an Kalkulierbarkeit. Insofern sind allein schon wegen der komplexen Verfahrensfragen und der jederzeit in die politische Willensbildung involvierten Öffentlichkeit Kriege zwischen Demokratien kaum denkbar.

Dies ist im übrigen auch einer der wesentlichen Gründe, weshalb sich die angelsächsische Tradition politischer Selbstverständigung derart ausgiebig des Hitler-Stalin-Paktes annimmt. Das Vertragswerk exemplifiziert, daß Diktatoren zu allem imstande sind. Während die Linke den Sündenfall in der Übereinkunft mit dem Faschisten Hitler identifiziert, schreibt das angelsächsische Empfinden den ideologischen Gegensatz eher klein. Es stellt mit seiner Interpretation vielmehr auf die Funktion der politischen Institutionen ab. Institutioneller Kontrolle entzogen, liegt es trotz tiefster weltanschaulicher Feindschaft in der Macht des Diktators, im Interesse kurzfristiger taktischer Vorteile Bündnisse gegebenenfalls einzugehen oder sich umgekehrt eingegangener Vertragsverpflichtungen zu entledigen. Insofern stellt die despotische Herrschaft, die Willkür des Diktators, auch eine Gefahr nach außen dar. Sie ist unkalkulierbar und somit für eine kontraktualistische Philosophie auch nicht vertragsfähig. Diese gleichsam systemische Vertragsunfähigkeit bezeichnet die Hitler-Metapher in der angelsächsischen Semantik. Und sie macht dann auch das tertium comparationis des Vergleichs von Saddam Hussein und Adolf Hitler namhaft.

Allein die heftigst debattierte Hitler-Metapher verdeutlicht, welche Tiefenwirkung der Zweite Weltkrieg und seine Vorgeschichte in der politischen Sprache der Gegenwart ausübt. Diese Vergangenheit fungiert als Ressource, aus der weitreichende Lehren für die Jetztzeit gezogen werden. Doch wie so oft selektiert das historische Gedächtnis das Erinnerungswürdige in Abhängigkeit von partikularen Erfahrungen des sich der Vergangenheiten vergewissernden Kollektivs. In Deutschland werden der Kriegsvergangenheit manche, für die politische Kultur des Landes schlechterdings grundlegende Gewißheiten entliehen – etwa der kategorische Imperativ, den Anfängen zu wehren und im Bedarfsfalle Widerstand zu leisten. Dem Schrecken von Nationalsozialismus und Zweitem Weltkrieg antwortet das unbedingte Postulat, nie wieder Krieg zu führen – mehr noch: den Krieg nie wieder zuzulassen.

Doch ein absolut gesetzter Pazifismus irritiert, enthält er doch ein gerütteltes Maß an Identifikation mit der in ihm abgewehrten Vergangenheit. Auffällig ist, daß jene Friedfertigkeit keine Unterscheidungen mehr trifft. Der Drang zum immerwährenden Frieden verleugnet, daß es Opfer und Täter geben kann, daß Gewalt nicht gleich Gewalt sein muß und daß der Widerstand – auch und gerade gegen den Nationalsozialismus – mit der Bereitschaft verbunden sein könnte, Gewalt bis hin zum Verlust des eigenen Lebens einzusetzen. So drängt sich bei detaillierter Betrachtung die Frage auf, ob das pazifistische Bannungsritual mittels der moralisch besetzten Ablehnung jedweden Krieges nicht auch jenen Krieg mißbilligt, den die Welt d. h. die Alliierten gegen das Deutschland Hitlers führten. Denn wäre die pazifistische Verwerfung des Krieges wirklich prinzipiell, dann schließt sie logischerweise jenen Krieg ein, dessen Gerechtigkeit gemeinhin völlig außer Frage steht.

Die pazifistische Parole »Nie wieder Krieg« führt jedenfalls auf diese Fährte. Verdächtig macht sie sich vor allem deshalb, weil sie den Unterschied zwischen dem Ersten und dem Zweiten Weltkrieg einebnet. Ursprünglich in Reaktion auf den Ersten Weltkrieg geprägt, im Bewußtsein der Materialschlachten, die den Krieg zu einem totalen Monster, gewissermaßen zu einem vom menschlichen Willen völlig abgelösten Subjekt machten, verliert die Parole im Kontext des Zweiten Weltkrieges und seiner Umstände ihren originären Bedeutungsgehalt. Schien der Erste Weltkrieg den Zeitgenossen noch ein Naturereignis zu sein, in das die Mächte unter der zunächst noch anfeuernden Begeisterung der Völker beinahe absichtslos hineingeschlittert waren, so ging der Zweite Weltkrieg ohne Zweifel vom nationalsozialistischen Deutschland aus. In diesen Krieg war nie-

mand hineingeschlittert – ganz im Gegenteil. Es war ein gewollter Krieg der einen Seite – ein Krieg Hitlers, der nicht einmal bei der nazifizierten deutschen Bevölkerung auf Begeisterung stieß. Alle anderen Mächte, insbesondere die späteren Kriegsgegner Hitlerdeutschlands, hatten bis hin zur politischen Selbstaufgabe versucht, den Krieg zu verhindern. Wird im westlichen Westen über jenen Krieg gestritten, steht bezeichnenderweise nicht die Frage im Raum, ob er überhaupt hätte geführt werden sollen, sondern diejenige, warum nicht frühzeitig genug gegen den Diktator militärisch vorgegangen wurde.
Trifft zu, daß die Ereignisse des Zweiten Weltkrieges die Wahrnehmungsmuster der Gegenwart präformieren und die in sie eingelassenen Symbole, Bilder und Metaphern bis in die Tiefenschichten des kollektiv Unbewußten hineinragen, dann hat sich in der massiven deutschen Reaktion auf die westlich geführte Koalition gegen den Irak so etwas wie ein Wiederholungszwang ausagiert. Er äußerte sich in einer Verkehrung, die – scheinbar paradox – Konfliktkonstellationen der Vergangenheit bestätigte. Wie von unsichtbarer Hand gelenkt, standen sich angesichts des Krieges gegen den Irak die einstigen Kriegsgegner wieder gegenüber – mit dem Unterschied, daß das öffentliche Bewußtsein in Deutschland Frieden um jeden Preis forderte, während die Angelsachsen vorgeblich nach Krieg gierten. Ansonsten stimmte die Rollenverteilung. Daß dieser Krieg auch von den Koalitionären in einer Weise bebildert wurde, die an den Zweiten Weltkrieg erinnerte, erleichterte die jeweilig gegensätzliche Identifikation noch zusätzlich.
In Deutschland gewann man jedenfalls den Eindruck, der Krieg werde im eigenen Land geführt. Eine Hysterie machte sich breit, die unmißverständlich große innere Beteiligung verriet. Durch die absolute Nachrichtensperre vom Kriegsschauplatz – fälschlicher- und signifikanterweise als »Zensur« bezeichnet – waren der Einbildungskraft tatsächlich keine Grenzen mehr gesetzt. Die Imagination konnte in einer Weise auf die Wirklichkeit übergreifen, daß der vom Westen angegriffene Irak schließlich in den vorbewußten Phantasmagorien für Deutschland stand, sozusagen ein Dresden in der Wüste war.

Eine bloß ritualisierte Auseinandersetzung mit dem Nationalsozialismus hat in der Vergangenheit so manch bedenkliche Blüte getrieben. Von der Flucht in entlastende Verallgemeinerungen war schon anläßlich der Faschismustheorie die Rede. Der Golfkrieg scheint andere Möglichkeiten offeriert zu haben. In einer Phase des Verfalls alter Gewißheiten, plötzlich aufkommender neuer Unwägbarkeiten produzierten ferne Ereignisse eine größere Nähe zum eigenen, auch beklagenswerten Leid der Vergangenheit. Wo wurden in Deutschland schon die Opfer des Bombenkrieges betrauert, ohne dabei Gefahr zu laufen, des Revanchismus bezichtigt zu werden? Wo eröffnete sich eine gerechtfertigte Chance, der Flucht und Vertreibung zu gedenken, ohne sich in die Nachbarschaft dubioser Vertriebenenverbände zu begeben? Solange man sich den Nationalsozialismus und seine Verbrechen abstrakt vom Leibe hielt, blieb das Bedürfnis unbefriedigt, sich auch den eigenen Verwundungen zu widmen. In der Situation einer fixierten Distanz zu sich selbst mutierte der Irak Saddam Husseins zu einem imaginären Objekt, das die umwegige Annäherung an eigene Opferschaft gestattete. Umso reibungsloser konnte die Identifikation mit dem Opfer, das in Wahrheit Aggressor war, inszeniert werden, als sie die Abgrenzung gegenüber Gewalten beinhaltete, die schon einmal gegen Deutschland standen: gegen eine westlich geführte Weltkoalition.
All die verwirrenden Empfindungen und Simulationen vergangener Gegenwarten wurden zudem durch die vom Irak ausgehende Bedrohung Israels mit Scud-Raketen aufgewühlt. Ob und in welchem Umfang Israel faktisch bedroht gewesen ist, muß hier nicht entschieden werden. Klar schien jedenfalls zu sein, daß ein eventuelles Eingreifen Israels den Nahen Osten insgesamt in ein Flammenmeer verwandelt hätte. Und dieses Szenario dürfte im Bereich der, wenn auch nur tentativ, selbstmörderischen Absicht Saddam Husseins gelegen haben. Doch geht es jetzt nicht um Realien, sondern um die Bewußtseinsrelevanz gewisser Umstände und Geschehnisse, seien sie nun real oder imaginär. Und in den aufgebauten Vorstellungswelten nahm Israel, geschichtsrelevant wie es nun einmal für deutsche Bewußtseinslagen ist, einen bedeutenden Raum ein.

Die Durchsetzung des Konflikt- und Kriegsverlaufs am Golf mit Bildern und Symbolen des Zweiten Weltkrieges machte auch vor dem deutsch-israelischen Verhältnis nicht halt. Dafür sorgte insbesondere die Gas-Angst in Israel, die das Bewußtsein seiner jüdischen Bewohner in einschneidender Weise veränderte. Auf der Alltagsoberfläche mag die Veränderung mittlerweile kaum noch zu spüren sein. Ein Schleier des Vergessens hat sich in der Zwischenzeit über die Wochen der Angst gelegt. Doch so sehr der Krieg in ein Bermuda-Dreieck des Vergessens versunken zu sein scheint, so sehr macht sich seine untergründige Wirkung bemerkbar: die Israelis wurden angesichts des Krieges, an dem sie beteiligt und unbeteiligt zugleich waren, wieder zu Juden. Es war das Ethos Israels wie Teil seiner Militärphilosophie, jeglichen Angriff auf das Territorium des jüdischen Staates entsprechend gewaltmäßig zu beantworten. Die Politik der Vergeltung war nicht – wie so oft in antisemitischer Weise insinuiert – Ausdruck alttestamentarischer talion, sondern durchaus rationales Element der solches Handeln stützenden Strategie der Abschreckung. Um deren Glaubwürdigkeit zu wahren, ist vorausgegangene Gewalt ebenso zu »vergelten«, wobei Abschreckung meint, daß sie durch größere Gewalt vergolten werden kann. Im Golfkrieg war die Anwendung dieser Militärdoktrin aus unterschiedlichen und sich gegenseitig verstärkenden Gründen verunmöglicht. Ein Grund war der Einspruch der USA, die Husseins Strategie, einen westlichen Krieg gegen den Irak durch Angriffe auf Israel zu einer arabisch-israelischen Auseinandersetzung zu machen, unterlaufen wollten. Deshalb verweigerten sie der israelischen Luftwaffe einfach den Freund / Feind-Code ihrer Air Force und der Bündnispartner, ohne den israelische Flugzeuge über dem Irak auch von Militärverbänden der Koalition als gegnerische Maschinen unter Feuer genommen worden wären. Ein weiterer Grund bestand darin, daß ein israelisches Vorgehen gegen den Irak, das über Jordanien hinweg hätte erfolgen müssen, zum Zusammenbruch des Königreichs und damit wiederum zu einer Verknüpfung des Golfkrieges mit dem arabisch-israelischen Konflikt geführt hätte. Außerdem war nicht einzusehen, daß israelische Militärkräfte bei der Suche nach Scud-Abschußrampen im Westirak mehr ausgerichtet hätten, als die ständig über diesem Gebiet operierenden Amerikaner und Briten. Aussichtsreich wäre ein israelisches Vorgehen nur unter der Voraussetzung gewesen, es nicht bei einer Suchaktion aus der Luft zu belassen, sondern in kombinierter Luft- und Luftlandeaktion massiv zu intervenieren. Doch da waren die Amerikaner vor. Ein israelisches Eingreifen lag einfach nicht in ihrem Interesse.

Indem Israel auf eine Konfliktintervention verzichtete, nahm es nicht unbedingt reale Abstriche an seiner Abschreckungskapazität hin. Sicherlich, das Land mußte sich der Einsicht fügen, daß die Entfernung von Bagdad nach Tel Aviv während des Golfkrieges kürzer war als die Entfernung von Tel Aviv nach Bagdad. Folgenreicher war die Politik der Nichteinmischung jedoch für die Psyche der Israelis, die nunmehr nicht einem realen Krieg, einem Krieg der Front, sondern einem Krieg des Hinterlandes und damit einem Krieg der Imagination ausgeliefert war.

Die Israelis waren gehalten, sich familienweise in den Schutzräumen ihrer Wohnungen aufzuhalten, bei Alarm Gasmasken aufzusetzen und ganz passiv darauf zu hoffen, daß der zu befürchtende Raketeneinschlag das Haus verschone. Diese Passivität in der familialen Isolation – mit der Außenwelt war man lediglich durch Radio oder Fernsehen verbunden – stimulierte eine Phantasie, die sich aus den Quellen kollektiver Erinnerung speiste. Menschen, die den Holocaust selbst erlebt und andere, die von ihm aus Berichten erfahren hatten, fühlten sich in die Situation völliger Hilflosigkeit und Angst zurückversetzt. Ein Schrecken wurde Wirklichkeit, der weit über die reale Bedrohung hinausging. Viele Bürger empfanden sich aufs neue mit einer lähmenden Ohnmacht konfrontiert, die eher gern verleugnete jüdische Anteile des israelischen Selbstverständnisses aktualisierte. Gerade der Krieg des Hinterlandes legte die Erfahrungen, gnadenlos ausgeliefert zu sein, wieder frei. Die Israelis kamen also mit ihren jüdischen Anteilen von Passivität und Verfolgung in Berührung. So wurde der Krieg zum Krieg der Erinnerungen: Und diese Erinnerungen legten sich über ein in vierzig Jahren erworbenes Selbstbewußtsein der Israelis, das in der Auseinandersetzung mit realen Fronten gewachsen war. Das geschichtlich erworbene Vertrauen in die eigene Kraft wurde durch den Krieg des Hinterlandes angetastet, weshalb er sich im kollektiven Gedächtnis auch als jüdischer Krieg ausnimmt.

Nun traf es sich, daß der Golfkrieg auch ein deutscher Krieg gewesen war. Was die Bewußtseinsströme in Israel und in Deutschland gleichermaßen verband wie entgegensetzte, dürfte dem Gas geschuldet gewesen sein, das Deutschland neben anderen Fertigkeiten an den Irak geliefert hat. Die Realität wie die Imagination jener Substanz verlebendigte jenen Schrecken, der die Menschen in eine andere Zeit versetzte. Und es war eine durchaus kollektiv empfundene Angst, die die räumlichen und zeitlichen Unterschiede zwischen dem Heute und Damals auflöste. So verwandelte sich auch für Israel der Golfkrieg in einen Zweiten Weltkrieg der Erinnerungen.

Doch noch mehr als deutsche Waffentechnik haben dazu – nur scheinbar paradox – die Friedensdemonstrationen beigetragen. Unter einer nicht nur in Israel eingenommenen Perspektive nahm es sich wirklich grotesk aus, daß gerade in Deutschland gegen die Amerikaner demonstriert wurde. Der Suggestion Saddam Husseins, man habe indirekt für ihn Partei ergriffen, konnte schwerlich widersprochen werden. Hinzu kam, daß sich das militärische Vorgehen der USA gegen einen Diktator richtete, der öffentlich und wiederholt versprochen hatte, halb Israel in einen Friedhof verwandeln zu wollen. Nicht, daß die Verwirklichung seines Versprechens in Saddam Husseins Macht gelegen hätte; was Israel schockierte, war die neuerliche und unverblümte Androhung eines Vernichtungsfeldzuges. Und gegen solche Drohungen schienen wiederum die Amerikaner mobil gemacht zu haben. So jedenfalls stellte es sich dem déjà-vu Erlebnis der Israelis dar, die andererseits natürlich wußten, daß die USA genausowenig Israel zuliebe in der saudi-arabischen Wüste aufmarschiert waren, wie sie ein halbes Jahrhundert zuvor des Schicksals der Juden wegen in den Zweiten Weltkrieg eingegriffen hatten. Gleichwohl war mit diesen Koordinaten der nahöstlichen Konfliktsituation eine Vergangenheit vergegenwärtigt, die der Hoffnung, die am letzten

Weltkrieg beteiligten Völker hätten ihre Lektionen begriffen, Hohn sprach.
Auch in Deutschland war die wiedervergegenwärtigte Vergangenheit spürbar. Sie schlug sich etwa in heillosen Verwirrungen nieder, in die sich die recht umfassende Antikriegsfront verstrickte. Der eklatanten Widersprüche war kein Ende. So sprach man sich entweder im Namen des Friedens um jeden Preis gegen Kriege als solche aus oder um des Prinzips friedlicher Konfliktlösung willen gegen denjenigen am Golf. Gleichzeitig wurden aber in Sachen Israel die Argumente knapp. Ausgerechnet Jürgen Habermas plädierte für einen gewissermaßen amputierten Universalismus, als er sich prinzipiell gegen die Logik des Krieges wandte, im Falle Israels jedoch eine Ausnahme gemacht wissen wollte.
Tatsächlich figuriert Israel in Deutschland als eine aus der Geschichte in die Gegenwart hineinragende Ausnahme. Die Exklusion im buchstäblichen Sinne beraubt Israel aber seiner Faktizität und verwandelt es in ein Gedächtnisphänomen, zu dem sich deutsche Vergangenheiten sinnbildlich zusammenziehen. Ein solcher Kondensationspunkt kollektiver Erinnerung ist durch die Lebensgeschichte von einer oder zwei Generationen vermittelt und trägt deshalb ein Verfallsdatum. Jürgen Habermas gespaltener Universalismus, einerseits aus prinzipiellen Erwägungen gegen den Krieg am Golf Stellung zu beziehen, andererseits aber den bewaffneten Schutz Israels zu befürworten, illustriert eine Gespaltenheit zwischen Geschichtserinnerung und politischem Positionalismus.
Das neue Deutschland wird sich auf kurz oder lang solcher Selbstverpflichtung zu entledigen wissen. Sie gehört einer Zeit an, in der Israel das moralische Teilstück eines politischen Dreiecks war, das sich aus den USA und der alten Bundesrepublik zusammensetzte. Israel und die Juden stellten für den gerade geschaffenen, westlichen Teilstaat eine politische Währungseinheit dar, mittels derer sich die Bonner Republik Souveränitätszuwachs und Vertrauen im Westen einhandelte. Nicht, daß die Bundesrepublik damit direkten Forderungen der Amerikaner entsprochen hätte: deren strategische Überlegungen hinsichtlich Deutschlands waren im anhebenden Kal-

ten Krieg von Wiedergutmachungsvorstellungen ganz unberührt geblieben. Doch eine hellhörige Öffentlichkeit im Westen und besonders in den USA veranlaßte die junge Bundesrepublik sich einem Lackmustest ihrer moralischer Zuträglichkeit zu stellen. Die israelisch-deutschen Beziehungen waren ein symbolisch bedeutsamer Aspekt solcher Proben.

Die Statik des genannten Dreiecks ist schon mit den Gemeinsamkeiten signalisierenden Gründungsjahr greifbar. Sowohl Israel wie die Bundesrepublik haben quasi 1948 ihre Eigenstaatlichkeit erlangt, denn die Währungsreform ist mehr noch als die Annahme des Grundgesetzes die eigentliche Staatsgründung der neuen, westlichen Republik gewesen. So unterschiedlich die Ursprünge der zwei Gemeinwesen auch sein mochten, beide gingen auf einen Ereigniszusammenhang zurück, der wiederum mit dem Jahre 1945 in Verbindung steht – wenn auch mit anderem, ja gegensätzlichem Vorzeichen. Auch die Konsolidierung beider Länder kennt ein gemeinsames Jahr und einen mit diesem Datum verbundenen Kontext: sowohl Israel wie die Bundesrepublik betraten anläßlich des 1950 ausgebrochenen Koreakrieges endgültig das politische Lager des ideologisch aufgerüsteten Westens.

Kein Wunder also, daß die plötzliche historische Kehre, die das Ende des Kalten Krieges markiert, die über Amerika vermittelte Bindung zwischen der Bundesrepublik und Israel jäh zerriß – auch wenn es noch eine merkliche Weile dauern dürfte, bis die eingetretene Zäsur zu verspüren sein wird. Das neue Deutschland bedarf der Vereinigten Staaten nicht mehr – und auch nicht jener jüdischen Instanz, die mit Rücksicht auf US-amerikanische Stimmungen gepflegt wurde. Und so wie die Bindung zwischen der alten Bundesrepublik und Israel aus dem historischen Gegensatz zwischen Juden und Deutschen erwachsen war, so wird die jetzt veränderte Weltkonstellation die historische Entgegensetzung erneuern, sowohl was deren politische, als auch kulturellen Gehalte anbelangt. Denn während der Krieg am Golf für Deutschland einen inneren Souveränitätsgewinn zuungunsten des westlichen Westen bedeutete, war er für Israel mit einem realen Souveränitätsverlust verbunden. Schließlich hatte es im Widerspruch zu seinem Selbst-

verständnis und seiner militärischen Philosophie auf bewaffnete Interventionen verzichten müssen.
Der Wandel in Europa, das Ende des Kalten Krieges und die daraufhin erwirkte Vereinigung Deutschlands läßt also die Präsenz der USA ebenso überflüssig werden, wie die Symbolik dieser Präsenz: Israel und die Juden. Damit soll nicht gesagt sein, daß sich das bundesrepublikanische Verhältnis zu den Juden ausschließlich ihrer vermeintlichen Bedeutung im westlichen Westen verdankt. Aber die ursprünglich außen- und souveränitätspolitisch orientierte Dimension bundesdeutscher Israelpolitik schrumpft angesichts des den Deutschen zugefallenen Souveränitätsgewinns. Die Koinzidenz von Vereinigung und Golfkrieg brachte dessen Bedeutung für neudeutsche Mentalitäten an den Tag. Die Reaktionen waren in der Tat national und somit parteienübergreifend – von den salbungsvollen Worten des Bundespräsidenten bis hin zu den Aktivitäten der Protestöffentlichkeit. Sogar die Sozialdemokratie, in der Kaiserzeit und in Weimar wohl die westlichste aller deutschen Parteien, erging sich in Antiamerikanismen, die eher einer neutralistischen Rechten angestanden hätten. Auch dies mag ein generationelles Phänomen sein, das in der Zukunft an Einfluß gewinnen wird. Offenbar wirkte sich die politische Sozialisation der 68er Jahre nicht für alle aufklärerisch aus. Die Kritik an Amerika schlug bei so manchem der damals Politisierten in traditionellen Antiamerikanismus um.

Auch die politische Links-Rechts-Unterscheidung büßt jetzt ihre letzten Plausibilitäten ein. Die in Deutschland aufgebrochene Diskussion einer möglichen Beteiligung der Bundeswehr an internationalen Aktionen außerhalb der bislang gültigen NATO-Sphäre ist hierfür ein interessanter Indikator. Diejenigen, die sich bislang ständig gegen das atlantische Bündnis ausgesprochen hatten, verwandeln sich verdächtigerweise in Fürsprecher seiner Beschränkung auf den ursprünglichen und vertraglich stipulierten Einsatzraum. Man will sicherstellen, daß es nicht zu Einsätzen der Bundeswehr »out-of-area« kommt. Überhaupt wäre es dieser Variante von Konservativismus auf dem sich links dünkenden politischen Flügel recht, wenn sich Deutschland an nichts, nicht einmal an UN-Friedensaktionen beteiligen würde.

Eine solche Neuauflage der neutralistischen Ohne-mich-Haltung ist zwiespältig und dubios zugleich. Pazifistisch begründet, trägt sie dazu bei, daß sich Deutschland von der Weltgemeinschaft und dem Westen fernhält. Selbst der Hinweis auf eine womöglich wieder erstarkende, deutsche Militärkultur – der Bundespräsident spielte während des Golfkrieges kokettierend auf die schlummernden militärischen Befähigungen der Deutschen an, die besser nicht zu aktivieren seien – entpuppt sich als bloße Schutzbehauptung. Eher ist zu befürchten, daß durch fortgesetzte Distanzierungen vom Westen und Absagen an ein multinationales Vorgehen bei etwaigen Konflikten ein Weg eingeschlagen werden könnte, der nolens volens zu eigenständigem politischen Handeln führt. Paradox genug, aber derartige Abstinenzen dürften in ferner Zukunft in eine hegemoniale Rolle Deutschlands münden, die wohl nicht willentlich angestrebt wird, sich aber gleichsam hinterrücks ergeben könnte. Eine solche Entwicklung erzwingt unter Umständen ein eigenständiges politisches Handeln, das sich über Absprachen und eingegangene Bindungen hinwegsetzt. Die Grundpfeiler westlich orientierter europäischer Integration, vor allem die Doppelsäule deutsch-französischer Übereinkünfte, wäre in Frage gestellt.

Die Tendenz der räumlichen wie politischen Ostverschiebung Deutschlands zur Mitte Europas hin – sie äußerte sich etwa bei der Hauptstadtfrage – wird nicht nur in Teilen der Protestkultur angefacht. Während sich die oppositionelle Basis des nationalen Trends nicht bewußt war, den sie im Medium antiwestlicher Affekte gleichwohl mitbedingte, liegen die Intentionen der klassischen und nationalen Konservativen offen zutage. Gleichwohl tut auch hier mitunter Entzifferung not. Häufig tritt der deutsche Konservativismus nämlich unter dem Deckmantel eines Pro-Amerikanismus auf, um dabei Politiken nationaler Distanzierung vom Westen anzuempfehlen, so als handele es sich um eine bloße Fortsetzung des Altbekannten. Dem ist nicht so.

Was die politischen Lager klar unterschied, die weltanschauliche Differenz zwischen links und rechts, dürfte in seiner traditionellen Ausgestaltung der Vergangenheit und zwar einer inzwischen schon als historisch zu bezeichnenden Vergangenheit angehören. Neue Scheidelinien werden sich abzeichnen und neue Frontverläufe entstehen. Wie sie organisiert sein werden, steht vorerst in den Sternen. Aber eins ist deutlich: nach dem Zusammenbruch der Utopie des sozialistischen Internationalismus sollten die Werte eines demokratischen und republikanischen Universalismus zur respektablen Grundlage einer zukünftigen Linken werden. Ein solcher Universalismus schließt das Ideologem der Totalität der Ethnie ebenso aus, wie den Rückfall in eine alles beherrschende Grundstimmung des Nationalen.

Eine Art Sonderweg politischer Kultur hat sich in Deutschland aufgetan. Während sich das antislawische Ressentiment in den ersten vier Jahrzehnten der alten Bonner Republik notorisch im Antikommunismus verpuppte, war dem traditionellen und durch den Zweiten Weltkrieg noch amplifizierten Affekt gegen den Westen die Artikulationsmöglichkeit genommen. Zu sehr stand die politische Einbindung des bundesrepublikanischen Teilstaates in die Institutionen des Westens im wirklichen Interesse der Bevölkerung. Jetzt, nach der Vereinigung der deutschen Teilstaaten, die das Ende des ideologischen Gegensatzes von Ost und West besiegelt, kann sich der historisch tradierte und affektgeladene Distanzierungsstau dem Westen gegenüber entladen. Diesem lange verdeckten Bedürfnis kam der Krieg am Golf entgegen. Insofern war er auch ein deutscher Krieg.

Orient und Westen: »... but Jesus is the Christ«

Der Golfkrieg scheint den kulturgeschichtlich tradierten und volkstümlich fortgezeugten Gegensatz zwischen Orient und Okzident neu aufgewühlt zu haben. So jedenfalls stellt es die veröffentlichte Meinung dar. In der Tat läßt sich aus dem Westen eine Renaissance längst überkommen geglaubter Stereotypen dem Islam und den Arabern gegenüber vermelden. Ähnlich kulturkämpferisch geprägte Stimmungen toben sich auch im Orient aus. Während des Krieges am Golf wußten westliche Beobachter von massiven Reaktionen dem Okzident gegenüber zu berichten. Ob solche Wahrnehmungen dortige Wirklichkeiten wiedergaben, oder ob es sich lediglich um auf Papier und die Mattscheibe gebannte Projektionen handelte, sei – wie so oft – der zukünftigen Entwicklung überlassen. Einstweilen dürften die katastrophisch eingefärbten Erwartungen an die gesichts- und konturlos gezeichneten »arabischen Massen« die hiesigen Apokalyptiker des Kulturkonflikts eher enttäuscht haben. Die überwiegende Mehrheit der Bürger arabischer Staaten hat sich – rückblickend geurteilt – im Konflikt zwischen dem Irak Saddam Husseins und der westlich-arabischen Koalition vernünftig und interessensgeleitet verhalten. Das im Westen gezeichnete Zerrbild trog. Die arabische Bevölkerung entsprach jedenfalls keinem der naturhaft-irrationalen Attribute politischen Verhaltens, die ihnen von vorgeblich solidarisch gesinnten, westlichen Freunden des Orients angedichtet wurden. Ihre Haltung zu Konflikt und Krieg war – wie hätte es auch anders sein können – von jeweils partikularen Lagen und Motiven geprägt, keinesfalls von einer ihnen leichtfertig zugeschriebenen blinden Solidarität der Ethnie.

Solche Differenziertheit des Verhaltens war an der Topographie von Protest und Zustimmung ablesbar. Je weiter ein arabisches Land vom Ort des unmittelbaren Geschehens entfernt war, desto eher fand sich der in Solidarität mit Saddam Hussein kostümierte Protest gegen die eigenen Herrscher dazu verführt, die Konfrontation am Golf in einen westlich-islamischen Kulturkonflikt umzumünzen. Sehr deutlich war eine derartige Verschiebung ins Allgemeine am Protestverlauf in den Maghrebländern abzulesen. Der marokkanische König Hassan beispielsweise brachte sogar das Kunststück fertig, sowohl Truppen an den Golf zu beordern, als auch bei Anbranden der Manifestationen gegen den Krieg und für das irakische Brudervolk die Führung des eigentlich gegen ihn gerichteten Protests zu übernehmen und ihm so die Spitze abzubrechen. Er kanalisierte die Unzufriedenheit im Lande nach außen – in Richtung Kulturkonflikt. Die Anteile genuinen Sozialprotests fanden sich erfolgreich neutralisiert.

Ganz anders die Stimmungslage in den unmittelbar, wie mittelbar an den Irak grenzenden Staaten – handelte es sich dabei um arabische oder um nichtarabische Gemeinwesen. Allen gemeinsam war das Bewußtsein der Bedrohung regionaler Stabilität, die von der staatlichen Auslöschung Kuwaits ausgegangen war. Allen gemeinsam war überdies das Interesse an der Wiederaufrichtung seiner Souveränität, ganz unangesehen der inneren Verfaßtheit des dortigen Regimes; denn die regionale Stabilität findet bei aller Konflikthaftigkeit der Verhältnisse nunmal in der territorialen Integrität politischer Gemeinwesen ihren Halt. Alle Staaten teilten geradezu intuitiv diese Haltung, abgesehen von Jordanien, das aufgrund einer überwiegend palästinensischen Bevölkerung und einer starken islamistischen Fraktion im Parlament Solidarität mit Saddam Hussein praktizierte.

In dem Verlangen nach Stabilität und folglich gegen den Irak vereint, fanden sich höchst ungleiche Partner: der islamische Iran und die säkulare Türkei, das zionistische Israel und die Zitadelle des arabischen Nationalismus – Syrien, das nahe Saudi Arabien und entferntere Ägypten, das seiner traditionell verankerten gesamtarabischen Verantwortung wieder nachzukommen suchte.

Manche Apokalyptiker des Westens meinten wider allen Augenschein dennoch einen absoluten Gegensatz zwischen den Bevölkerungen und ihren Regimen diagnostizieren zu können. Sie prognostizierten eine Flutwelle politischer Unrast, die jene als verräterisch gebrandmarkten Regimes hinwegspülen würde. Allein solcher Rhetorik schien es zu gelingen, den Topos eruptiv handelnder »arabischer Massen« ins Spiel zu bringen, die versteckte Drohung mit dem Ausbruch des lauernden Kulturgegensatzes zwischen Orient und Okzident wiederzubeleben.

Die Evokation einer angeblichen Irrationalität des Orients ist jedoch ein ausgemachter Orientalismus. Sie ist eine westliche Vorurteilsmetapher den Menschen der islamischen Zivilisation gegenüber. Sicherlich haben wir es mit einem komplex gewirktem Orientalismus zu tun, kommt das Vorurteil doch in Gestalt gut gemeinter Solidaritätsbekundungen daher. Ein solcher Orientalismus ergänzt das quasi-anthropologische, traditionell offen anti-orientalische Ressentiment, das Edward Said eindrücklich, wenn auch nicht völlig überzeugend dechiffriert hat, in subtiler Form. Denn die erklärten Freunde des Orients akzeptieren in Wahrheit das okzidental verzerrte Bild des orientalischen Menschen – wenn auch in einer positiven Verkehrung. Sie schlägt sich in der Bereitschaft nieder, die Menschen im Orient, die dort vorherrschenden gesellschaftlichen Verhältnisse und vor allem die von ihnen getragenen Regime der Kritik zu entziehen – so, als seien sie nicht von dieser Welt. Man meint, andere Standards müßten bei der Beurteilung angelegt werden. Damit ist eine Gleichbehandlung in durchaus bewußter Anerkenntnis kultureller Unterschiede allerdings ausgeschlossen. Die Folge ist eine neuerliche Infantilisierung, Desavouierung und zivilisatorische Invalidisierung des Orients.

Das im Westen nach wie vor virulente Phänomen ist der Ideologie des »tiers mondisme« geschuldet. Als Reaktion auf die Last

der Untaten des europäischen Kolonialismus soll nunmehr alles geheiligt werden, was sich gegen okzidentale Lebensformen erhebt. Der Eurozentrismus erneuert sich dergestalt, daß der historisch kolonisierte Andere nunmehr zum Ausbund unkritischer Verehrungswürdigkeit überhöht wird. Die überwunden geglaubte, koloniale Diskriminierung scheint in einer antikolonial gemeinten Privilegierung wieder auf. Indes verlängert die positive Verklärung nur das orientalistische Bild.
Der Orientalismus – das sich zur Kulturkonstante verdichtende westliche Vorurteil dem Orient gegenüber – ist von schier überhistorisch anmutender Resistenz. Sie hat tiefverwurzelte Kontinuitätsstränge vorzuweisen. So mußte okzidentalistischer Tradition und Perzeption zufolge der Orient lange zur kulturellen Selbstverständigung und Selbststilisierung des europäisch-abendländischen Zivilisationszusammenhanges herhalten. Er wurde zum buchstäblichen Gegenteil karikiert. Zur geduldigen Projektionsfläche zugerichtet, stellte er den Hintergrund für jene gespreizt-selbstgerechte Eigenüberhöhung bereit, die schon das antike Griechenland in seiner Unterscheidung von den Persern kennzeichnete. Ganz ähnlich hatte sich die abendländische Christenheit in religiöser Entgegensetzung zu ihren im Osten dräuenden, traditionellen hostes perpetuii konstituiert. Auch im Übergang zum säkularen Weltbild des Westens sollte der Orient seiner Rolle treu bleiben, als Hegel das Motiv christlichen Überlegenheitsdünkels ins säkular gemeinte Geschichtsphilosophische wendete. In der sich zur bürgerlichen Gesellschaft aufklärenden Kultur des Abendlandes sollten die Spiegelungen des fremden Orients das Selbstbild des Okzidents weiterhin juxtaposierend reflektieren.
Neben dieser heute leicht als ideologisch durchschaubaren Verzerrung gibt es selbstredend auch wirkliche Unterschiede zwischen den Kulturen und Zivilisationen. Nicht alles kann auf Projektionen zurückgeführt werden. Unterschiede zu benennen, muß also nicht notwendig zu orientalistischen Verzeichnungen führen. Der Orient ist in der Tat anders – wenn auch nicht ganz anders.
Solche Feststellung enthebt nicht der Schwierigkeit, pure Projektionen und wirkliche Verschiedenheiten voneinander zu

scheiden. Sich jenem Zivilisationszusammenhang so weit wie möglich vorurteilslos zu nähern, heißt aber vor allen Dingen, sich des kulturell begründeten, eigenen Dünkels bewußt zu werden, der ganz naiven und daher umso diskriminierenderen Universalisierung der eigenen Lebensform zu widerstehen.
Schein und Wirklichkeit eines zunehmenden Gegensatzes von Orient und Okzident ist also durch den Golf-Krieg neuerlich zu Bewußtsein gekommen. Die schroffe Entgegensetzung der Kulturwelten ist indirekt auch Folge des Endes jener Weltordnung, die auf dem politischen Antagonismus zwischen West und Ost beruhte und durch die nukleare Bipolarität im Gleichgewicht gehalten wurde. Denn für den Orient wie auch für andere Länder und Gesellschaften in jenem Bereich, der – wie außerhalb der Bipolarität stehend – als »Dritte Welt« figurierte, stellte der politische Osten zivilisatorisch eine westliche Instanz dar, die antiwestlich agierte. Als antiwestliches Organ westlicher Zivilisation trug der Realsozialismus wie selbstverständlich dazu bei, Säkularismus, Modernität und die in der westlichen Technologie beschlossene Zweck-Mittel-Rationalität als Grundlage allen Handelns weltweit durchzusetzen.
Der Realsozialismus repräsentierte demnach eine modifizierte, den kollektiven Lebens- und Identifikationsformen der »Dritten Welt« angemessen erscheinende Übertragung von Aspekten der Moderne, denn die politischen Formen und die ausgeprägt individualistische Lebensweise des westlichen Westens hatte er ja realiter nicht transferiert. Darüber hinaus ließ sich der sicherlich nachvollziehbare anti-westliche Affekt der ehemals kolonialen Welt mittels vorgeblich gemeinsamer politischer Absichten der ideologischen Vorstellungswelt des Realsozialismus angleichen. Beide Welten standen gegen »Imperialismus«, »Kolonialismus« und für »Revolution«, ohne daß der jeweils unterschiedliche Sinngehalt der Gemeinsamkeit suggerierenden Begriffe jemals wirklich zur Kenntnis genommen worden wäre. So steht etwa für den arabischen Nationalismus oder gar für den ihn beerbenden Islamismus der Begriff »Imperialismus« nicht für ein historisch gewordenes Produktivitätsgefälle auf dem Weltmarkt, der den ökonomisch Schwachen schwächer und den Starken auch weiterhin stärker wer-

den läßt. Er steht vielmehr für den Westen, der als wiedererstandene »salibiyyun«, als »Kreuzritter«, perzipiert wird. Dessen Absichten sind auf die Zerstörung islamischer Kultur und Glaubenswelt gerichtet. »Imperialismus« ist die von Anfang an beabsichtigte und weiterhin betriebene politische Schwächung der eigentlich doch einigen Araber.
Sich westlicher Zivilisationsanteile in antiwestlicher Absicht zu bedienen, ist von schier unauflöslicher, ja aporetischer Brisanz. In einer Zivilisation, die wie die islamische die Trennung zwischen der Religion als Konfession und der Sphäre einer dem Religiösen gegenüber gleichgültigen Politik historisch nicht aus sich heraus vollbracht hat, sind alle innerislamischen Auseinandersetzungen und ideologischen Gegensätze dem Problemzusammenhang von Säkularisierung und Modernisierung geschuldet. So standen die kommunistischen Parteien in der arabischen Welt eher für einen rigorosen Säkularismus und für einen westlich anmutenden Begriff von Nation, denn für die Idee der sozialen Umwälzung »pur et simple«. Seinem Selbstverständnis nach war auch der Arabismus nur insoweit legitim, wie er sich zwar auf die islamische Geschichte berufen konnte, mit der jedoch strikten Maßgabe ihrer Säkularisierung und nationalen Ethnifizierung. Aufgrund dieser Interpretation seiner geschichtlichen Mission machte er sich nolens volens zum Feind und Konkurrenten der sich ausschließlich religiös verstehenden islamischen Überlieferung. Von den Islamisten wird der arabische Nationalismus demnach nicht zu unrecht als ein trojanisches Pferd des Westens im Herzen des islamischen Orients verworfen. Das antiwestliche Selbstverständnis der Islamisten richtet sich also insbesondere gegen die Repräsentanz des Westens im eigenen Lager, gegen den Nationalismus der Araber.
Den Säkularismus für eine kulturell indifferente und universell gültige historische Entäußerung zu halten, ist in der Tat Ausdruck westlicher Ignoranz und Selbstbezogenheit. Gleiches gilt für die zum Säkularismus parallel sich ausbildende Idee der Nation und ihrer ethnischen, herkunftsbezogenen Grundlagen. Es läßt sich nicht bestreiten, daß der Idee der Nation die westliche Herkunft solcher Legitimationsbezüge politischer

Solidarität trotz universeller Verallgemeinerung eingeschrieben ist. Die faktische Partikularität universell erachteter Konzepte zeigt gerade der von den Islamisten inkriminierte arabische Nationalismus. Sein partikularer Charakter ist bereits dem Umstand zu entnehmen, daß die frühen Propagandisten der Idee des Arabismus mehrheitlich christlicher Herkunft gewesen waren. Der im 19. Jahrhundert politisch virulent werdende Unterschied zwischen muslimischer Majorität und christlicher Minorität sollte durch die Idee der einen, arabischen Nation neutralisiert und folglich überwunden werden. Insofern war der ethnische Rückbezug auf die »arabite« eine zuvörderst christlich inspirierte Reaktion. Sie antwortete auf die durch krisenhafte Schübe ausgelöste Not islamischer Selbstvergewisserung im Gefolge der das Osmanenreich modernisierenden Reformen.

Wie sehr die frühe Phase der arabischen Nationalidee einer Absicht der Neutralisierung des zunehmend spannungsreich gewordenen Verhältnisses zwischen Muslimen und Christen entsprungen war, findet sich auch durch den ethnographischen Umstand gedeckt, daß im Maghreb – der im Unterschied zum arabischen Osten schon immer islamisch homogen gewesen war – die frühe wie auch die spätere antikoloniale Befreiungsbewegung wesentlich religiös geblieben ist, auf alle Fälle keinen national-säkularen Charakter angenommen hat. Diese kulturgeographisch sich niederschlagende Unterscheidung ist weiterhin wirksam.

Von weitaus fundamentalerer Bedeutung, wenn auch verborgen, sind andere Motive, die eine muslimische Distanz zu dem säkularen und das ethnische Moment der Herkunft herausstellenden Nationalismus begründen können. Hier ist vom vornehmlich christlich-theologischen Hintergrund der politischen Sprache des Westens und der ihr vorgelagerten Begriffe die Rede. In seiner »Politischen Theologie« hat Carl Schmitt auf den christlichen Ursprung der staatsrechtlich-soziologischen Kategorien und Begriffe verwiesen. Sie begannen sich im Zeitalter der Säkularisierung auch über das hinaus zu universalisieren, was altertümlich und mit religiöser Konnotation als Abendland und modern als Westen verstanden wird. Zwar sind solche Ter-

minologien in funktionsrelevanter Bedeutung ihrer metaphysischen Ursprünge entkernt. Dennoch bleiben die kulturspezifischen Male ihrer Herkunft deutlich sichtbar. Solche kulturellen Besonderheiten mögen im Binnenverhältnis homogen verfaßter Staaten wenig konfliktträchtig sein – sieht man vom Problem der außerkulturellen Immigration in den Bereich des Westens und der Virulenz dabei öffentlich zur Schau getragener, religiöser Symboliken einmal ab. Hierbei aufbrechendes Konfliktpotential macht sich beispielsweise in einem Land wie Frankreich bemerkbar, dessen Laizität historisch relativ jungen Datums ist, weshalb die Demonstration des Religiösen in den der Staatlichkeit vorbehaltenen Räumen traditionelle innerfranzösische Frontlinien aktualisierten kann. Periodisch wiederkehrende Auseinandersetzungen um das Schulwesen zwischen Laizisten und politischen Katholiken liefern beredtes Beweismaterial.
Doch nicht derart peripher anmutende Phänomene werden interkulturelle Konflikte um die behauptete Universalität politischer Werte zwischen Orient und Westen provozieren. Weit bedeutender als eine öffentliche Präsenz der Religion wird die kulturelle Herkunft von Normen und Setzungen sein, die zwar gemeinhin als universell verpflichtend erachtet werden, die Male ihres christlich geprägten, abendländischen Ursprungs jedoch für alle sichtbar auf der Stirn tragen. Für Muslime wird es problematisch sein, eine Weltordnung mitzutragen, deren historische und begriffliche Genesis in den theologischen Begründungszusammenhang der Christenheit eingelassen ist. So gelten etwa das Völkerrecht mitsamt seiner Prinzipien als universell – seine spezifische Abkunft aus der »res publica christiana« sowie dem späteren »jus publicum europaeum« und dem weitgehend auf den okzidentalen Zusammenhang beschränkten »Recht der Zivilisierten Staaten« kann jedoch nicht in Abrede gestellt werden. Nicht nur, daß das den westlichen Werten verpflichtete »International Law« zunehmend das Indiviuum aus seiner Einbindung in das jeweilig als Staatsverband organisierte Kollektiv freisetzt und dabei ein westliches Freiheitsethos als schützenswertes Rechtsgut in Gestalt der Menschenrechte universalisiert, dürfte die fortwährende Ab-

wehrhaltung selbstbewußter Muslime mobilisieren. Auch andere, jener Wertentscheidung vorgelagerte Institutionalisierung und deren Geschichte liefern einem kulturell motivierten Widerstand Anlässe, sich dem westlichen Begriffsmonopol in universalistischem Kleid zu verweigern. Solche Widerständigkeit verliert ihre Exzentrik, macht man sich bewußt, daß die Symbolik und Metaphorik westlicher Jurisprudenz und Politik den Gegensatz zur Welt des Islam in sich trägt. Beispielhaft sei nur auf den Konstitutionszusammenhang des abendländischen Kriegsrechts verwiesen, auf den religiös tradierten »bellum justum«, der ja vornehmlich gegen die »hostes perpetuii« der Christenheit, also gegen Muslime und Juden geführt wurde, sowie auf den »bellum sanctum« gegen Ungläubige oder Heiden und auf die noch spätere Konkretisierung des Feindes im »bellum contra turcos«.

Auch die weitestgehenden Generalisierungen von Begriff und Institution des Staates erweisen sich bei näherem Hinsehen als ausgesprochen okzidental, um nicht »abendländisch« zu sagen. So dürfte die Bestimmung des Völkerrechtssubjekts in der Gestalt des Territorialstaates, wie er aus den Konfessionskriegen der frühen Neuzeit hervorgegangen war und zur Neutralisierung des Religiösen durch seine Abspaltung von der Politik beitrug, für Muslime, trotz universeller Verallgemeinerung, als Prinzip äußerer politischer Institutionalisierung inakzeptabel sein. Zwar neutralisiert der Territorialstaat des Absolutismus den politischen Gehalt der Konfession, doch ist er damit noch keineswegs unchristlich geworden. Ersichtlich ist die widersprüchliche Verfugung von christlichem Theismus und Säkularisierung selbst im »Leviathan« des Thomas Hobbes. Daß die Neutralisierung religiöser Wahrheitsansprüche koexistiert mit dem nach wie vor christlich begriffenen Staat, ist bei Hobbes unübersehbar, der seine Formel »auctoritas, non veritas facit legem« mit der ständig wiederkehrenden Aussage: »... but Jesus is the Christ«, problemlos meinte verbinden zu können. Die staatliche Autorität, die sich der Theorie nach konfessioneller Wahrheitsansprüche enthalten sollte, war also christlich geblieben.

Die säkulare Heiligkeit des Territorialstaates als friedensstiftender Instanz und als Subjekt des christlich begründeten Völkerrechts widerspricht also schon ob ihrer Genesis einer islamisch-religiösen Überlegenheitsgewißheit und deren Ordnungsvorstellungen. Zwar mag solche Überlegenheitsgewißheit des Islam angesichts der Säkularisierung ihre Verallgemeinerbarkeit eingebüßt haben, überdies auch ohne ernst zu nehmende praktische Folgerungen sein, nichtsdestoweniger prägt sie weiterhin das Bewußtsein der Muslime. Die sich in der frühen Neuzeit antireichisch formierende, territoriale Unterscheidung besonderer politischer Subjekte kollidiert jedenfalls mit dem universellen Selbstverständnis der staats- und nationenübergreifenden, islamischen Gemeinschaft – der »umma«. Das inzwischen die islamische »umma« zerklüftende Staatsverständnis westlicher Spielart deckt sich seinerseits mit jener von gläubigen Muslimen vehement verworfenen Vorstellung ethnisch sich legitimierender und territorial verschiedener Nationen – Bezüge, die von den Islamisten der Gegenwart abgewiesen werden. Ihnen gelten sie als Ausdruck einer »neuen jahiliyya«, einer neuen Barbarei, die bekämpft werden muß, um einen Rückfall in den vorislamischen Unglauben und politischen Götzendienst zu verhindern.

Die traditionelle islamische Völkerrechtsauffassung geht demgegenüber von zwei unterschiedlichen und religiös grundierten Rechtskreisen aus – vom »dar al-islam« im Gegensatz zum »dar al-harb«. Die Unterscheidung zieht eine scharfe Trennlinie zwischen den Ländern des Islam und denjenigen der Ungläubigen. Innerhalb des Rechts- und Kulturkreises errichtete, womöglich noch ethnisch grundierte staatliche Grenzen und territoriale Partikularitäten haben folglich ein geringeres Gewicht als die mit dem Ausgang der europäischen Konfessionkriege erfolgte Neutralisierung der Feindschaft durch die säkulare Heiligung der Staatsgrenze. So ist vorstellbar, daß Grenzverletzungen oder Handlungen, die zur Staatsvernichtung führen, innerhalb des islamischen Hauses für weniger problematisch erachtet werden als dies im westlichen Kontext der Fall ist. Ähnliches trifft wohl auch für den arabischen Nationalismus zu. Man unterstellt, daß die Grenzen, welche die arabischen Staaten untereinander trennen, Produkte des Imperialismus seien und demnach als künstlich anzusehen sind. Ganz anders hingegen die Bewertung eines Eingriffs von Nichtmuslimen in das Haus des Islam. Hier wird eine weit höher besetzte Scheidelinie verletzt, als sie zwischen Muslimen überhaupt bestehen könnte. So wird allein schon auf die bloße israelische Präsenz im »dar al-islam« und nicht erst auf die seit 1967 anhaltende Besetzung arabischer Territorien weitaus unversöhnlicher reagiert, als auf einen Souveränitätsbruch unter Muslimen.

Demnach wäre die Wertigkeit derartiger Kontexte und die sich daraus ergebende Beurteilung politischer Ereignisse grundverschieden. Die von arabischen Regimes in ihrer Repression der Palästinenser gelegte Blutspur scheint, trotz der vielen Opfer, eher tolerabel zu sein als das quantitativ wahrscheinlich geringere Leid, das die Israelis – die Kultur- und Religionsfremden – den Palästinensern zugefügt haben. Auch die während des Konflikts am Golf gebetsmühlenartig wiederholte Forderung, das Problem zwischen Kuwait und Irak gelte es ausschließlich im arabischen Rahmen zu lösen, machte deutlich, daß zumindest intuitiv so etwas wie eine kulturell begründete, moralische Differenzierung getroffen wird. Man unterscheidet zwischen »Innen« und »Außen« derart, daß implizite ein Interventionsverbot für raum- und kulturfremde Mächte eingefordert wird. Dabei könnte der Forderung im Einzelfalle pragmatisch entsprochen werden, während sie im Rahmen einer mit der Vielfalt der Staaten als gleichwertigen Völkerrechtssubjekten rechnenden, universellen Weltordnung selbstverständlich niemals zum Prinzip erhoben werden dürfte.

Der Konflikt um Kuwait jedenfalls hat wenig dazu beigetragen, die Praktikabilität innerarabischer Konfliktlösungen bei Ausschluß raumfremder Mächte zu beweisen. Zwar wurde verschiedentlich auf kulturspezifische Schlichtungsmöglichkeiten verwiesen. Sie kamen indes beim Kuwait-Konflikt nicht zum Zuge. Dies mag – wie von interessierter Seite betont wurde – durch die zielstrebige US-amerikanische Politik der umgehenden Mobilisierung und Truppenkonzentration im nordöstlichen Saudi-Arabien verunmöglicht worden sein. Bedenkt man, daß es sich um eine Auseinandersetzung zwischen höchst zerstrittenen arabischen Staaten gehandelt hat, überzeugt die Behauptung nicht. Immerhin wurde ein Gemeinwesen durch ein anderes einfach eliminiert. Und nicht nur der Irak und Kuwait standen sich im Konflikt gegenüber, sondern alle relevanten arabischen Saaten, die sich in ihrer staatlichen Existenz durch den Etatozyd eines Bruderstaates herausgefordert fühlten. Daß vor allem die PLO eine innerarabische Schlichtungsstrategie favorisierte, kann in diesem Zusammenhang nicht verwundern. Als Organisation eines staatenlosen Volkes fand sie sich von der Staatsvernichtung eines anderen Staates weniger betroffen, agierte daher gesamtarabisch im Sinne eines letztendlich inexistenten panarabischen Zusammenhangs.

Die kuwaitische Krise und der westlich-arabische / arabische Krieg werden als historische Krise der Araber möglicherweise erheblich dazu beigetragen haben, die Partikularität arabischer Staatlichkeit im Sinne einer universell sanktionierten Territorialität einzelner Gemeinwesen zu stärken. Die Idee des Panarabismus hat weiteren Schaden genommen, denn das Ansinnen Saddam Husseins, die Besetzung und Annexion eines arabischen Staates rhetorisch mit der Parole von der arabischen Einheit und Nation zu rechtfertigen, hat panarabische Überzeugungen gründlich erschüttert. Zweifelsohne ist der ideologische Schleier gemutmaßter Einheit zerrissen.

Die schmerzhaft empfundene Wahrheit kann sich unter Umständen auch im Verhältnis zu Israel auswirken. Bis dato exemplifizierte der Fall Israel den als fundamental angesehenen Werte- und Kulturgegensatz zwischen Orient und Westen. Gerade die Schärfe und Unversöhnlichkeit des Konflikts signalisiert, daß recht eigentlich nicht nur Divergenzen hinsichtlich konkret einlösbarer Forderungen ausgetragen wurden. Es dürfte nicht bloß um den Boden Palästinas sowie Flucht und Vertreibung seiner durch zionistische Ansiedlung landlos gemachten arabischen Bevölkerung gegangen sein, obschon dies sein unbestreitbarer realhistorischer Kern ist. Diese als real apostrophierten Anteile des Konflikts werden durch ein symbolisches Moment noch verschärft, der kein möglicher Gegenstand von Verträgen sein kann und folglich der Auseinandersetzung eine gleichsam absolute Dimension aufbürdet, sie

schier unlösbar macht. Hier ist von der ganz besonderen Bedeutung Israels für die muslimische Welt die Rede, in der der jüdische Staat sowohl den Westen als solchen, als auch die im Lichte der islamischen Tradition bewerteten Juden höchst ambivalent repräsentiert – doch dazu später.
Für die Welt des Islam, zumindest für seine Kernregion des Vorderen Orients, nimmt der Westen die Bedeutung eines säkularisierten und gleichzeitig doch christlich gebliebenen politischen Abendlandes an. In der volkstümlichen und durchaus gängigen Wahrnehmung, die sich gerade auch in der politischen Sprache der Araber und Muslime niederschlägt, wird das konflikthafte Verhältnis zum Westen wie in zyklischer Wiederholung als Konfrontation mit restituierten Kreuzrittern aufgefaßt. Bilder und Metaphern solcher Wahrnehmung drängen im kollektiven Gedächtnis auf die Wiederkehr gleichsam sakralisierter Gründungsmythen. In deren Aufwind kommt es zum Phänomen bewußtseinsrelevanter Zeitenverschmelzung. Der Jerusalemer Orientalist Emmanuel Sivan hat in einem faszinierenden, 1988 in hebräischer Sprache erschienenen Buch über »Arabische politische Mythen« sein Erkenntnisinteresse an diesem Gegenstand mit einem Erlebnis begründet, das dem jungen Doktoranden Mitte der 60er Jahre in Paris widerfuhr. In einem kleinen Kino wurde er Zeuge der Reaktionen eines überwiegend arabischen Publikums auf den Film »Salah ed-Din« des bedeutenden ägyptischen Regisseurs Jusuf Shahin. Beim Erscheinen des Helden und Bezwingers der fränkischen Kreuzritter brachen die Anwesenden in Hoch- und Beifallsrufe aus und skandierten rhythmisch: »Nasser, Nasser«. Sobald Kreuzritter auf der Leinwand erschienen, wurden sie mit Flüchen und Schmähungen auf die aktuell mit den Arabern im Konflikt stehenden Juden, Franzosen und Engländern bedacht. Angesichts der filmischen Darbietung der Schlacht von Hittin (1187) wurden die jüngst vergangenen militärischen Ereignisse in Algerien und Suez 1956 jubelnd zitiert. An den Publikumsreaktionen auf die kinematographisch simulierte Vergangenheit ist ein Zug besonders auffällig: die filmische Inszenierung des vergangenen, gleichsam mythischen Geschehens wird in der historischen Imagination bezeichnenderweise an-

hand gerade zurückliegender Realereignisse verarbeitet. Die just erfahrene Wirklichkeit ist trotz ihrer Gegenwärtigkeit bereits in Phantasiematerial verwandelt, mit dem wiederum eine viel weiter zurückliegende historische Vergangenheit aktuell durchdrungen wird. Für das Bewußtsein verschmelzen die ihrer Chronologie nach unterschiedlichen Zeiten in temporaler Beliebigkeit.

In einem derart zeitenunspezifisch, gleichsam überhistorisch erlebten Gegensatz zum Westen findet sich der aktuell beklagenswerte, eigene Zustand in einen Kontrast zur glorreichen Vergangenheit versetzt. Das Elend wird dementsprechend als direkter Ausfluß des jahrhundertelangen abendländischen Zugriffs auf eigene Ressourcen und Möglichkeiten interpretiert. So kommen Wirklichkeitsdeutungen zustande, in denen die politischen Befindlichkeiten und gesellschaftlichen Zustände als unmittelbares Ergebnis jener historisch zurückliegenden, exogenen Eingriffe verstanden werden. Solche Deutungsmuster sind weitgehend triftig. Zumindest ist der arabisch-muslimische Orient in der jüngeren Geschichte des 19. und 20. Jahrhunderts durch fortwährende westliche Präsenz unterschiedlicher Dichte in hohem Maße traumatisiert worden. Doch begründet die Verabsolutierung solcher Traumata und insbesondere die Vorstellung von einer vermeintlich willentlichen Fortführung der Unterwerfung des Orients eine Verzerrung von Realität, die aktuelles politisches Handeln erheblich zu beeinflussen vermag. Die Wahrnehmung von Umständen wird erschwert, die weit eher endogenen Charakters sind und die zu einer europäisch-westlichen Dominanz über eine von innerem Verfall erfaßte, wiewohl jahrhundertelang zivilisatorisch überlegen gewesene orientalische Kultur geführt haben. Die Betonung exogener Faktoren bei der Deutung eigener gesellschaftlicher Unterentwicklung führte auch zu Verzerrungen autochthoner Geschichtlichkeit und der damit verbundenen politischen Identitätsbildung. Zwar werden arabischerseits auch die Osmanen als Türken und damit als fremde Eroberer gehandelt, die für den Verfall der arabischen Länder haftbar gemacht werden, während der Niedergang des Osmanischen Reiches wiederum auf die mit europäischen Mächten

geschlossenen Kapitulationen zurückgeführt und das Wort von der »Kapitulation« eher kriegsrechtlich aufgefaßt wird – so als habe es sich hierbei um einen militärisch flankierten ungleichen Knebelvertrag gehandelt. Doch bei den frühen Abschlüssen der Hohen Pforte mit Europäern im 16. Jahrhundert kann von einer Unterwerfung der Osmanen nicht die Rede sein. Im Gegenteil galt die Kapitulation – von »capitula« im Sinne eines Vertragsabschnittes – als ein vom Sultan gewährtes, höchst begehrtes Privileg, ganz im Sinne des osmanischen Interesses. Daß sich all dies später wandeln sollte und die Kapitulationen wirklich jenen Sinn anzunehmen begannen, der gemeinhin mit der Unterwerfung in Verbindung gebracht wird, steht auf einem ganz anderen Blatt.
Schwächung und langsamer Verfall des Osmanenreiches als letztem islamischen Universalreich steht jedoch kaum mit politischem Komplott und Verschwörung in Zusammenhang. Sie ist Folge langfristiger tektonischer Bewegungen im Bereich des Gesellschaftlichen und Ökonomischen. Dazu gehört zweifelsohne das Ende der militärischen Ausdehnungszüge der Osmanen, die Entdeckung Amerikas und die damit verbundenen Gold- und Silberströme aus der Neuen Welt, die Verschiebung der Handelswege und die Ausbildung des Merkantilsystems in Europa; Veränderungen also, die übrigens nicht unähnlich, den Niedergang Spaniens bei der Einführung des Merkantilsystems in England, Frankreich und den Niederlanden einleiteten. Jedenfalls sind diese Phänomene durchaus langfristigen gesellschaftlichen Charakters und mit Sicherheit nicht Ausfluß eines metahistorischen Gegensatzes zwischen Orient und Okzident.
Und dennoch: Trotz der historisch gut begründeten Einwände herrscht im Orient die Vorstellung, Niedergang und Verfall seien auf absichtsvolles westliches Handeln und dahinterstehenden Verschwörungen zurückzuführen. Allein schon ihrer Wirkungsmacht wegen sollten solche Bilder mit entsprechendem Ernst zur Kenntnis genommen werden. Ihre weite Verbreitung als zentrales Motiv der politischen Vorstellungswelt rechtfertigt die Vermutung, daß die Verschwörungsmetapher zu den bewußtseinsrelevanten Phänomenen eines spezifischen Zivili-

sationsprozesses gehört, in dem die Autonomie des Politischen – also Macht und Herrschaft – in besonders auffälliger Weise die Lebensbedingungen der Menschen affiziert. Tatsächlich scheint soziale Komplexität im Orient auf politisches Handeln reduziert und dadurch gleichsam »abgekürzt« zu werden. Persönliche und direkte Beziehungen zur Herrschaft, die familial begründete Nähe zum Machthaber sowie die vielfältige Einbindung in Klientelzusammenhänge legen die Ausblendung sonsthin bestehender und komplexer gesellschaftlicher Vermittlungen nahe. Alles scheint viel unmittelbarer auf die Person und eine personengebundene Politik zuzulaufen – eine Politik also, die sich um das Bild der vertraulich-geheimen Absprache zentriert. Jedenfalls gilt es, das Politische dem Einblick und folglich all dem zu entziehen, was im Kontext des westlichen Zivilisationszusammenhanges mit dem Begriff der »Öffentlichkeit« assoziiert wird. Einer solchen Politik sind die Mittel von Verschwörung und Kabale geläufig. Und so wird ihre Praxis gemeinhin auch wahrgenommen: geheim erfolgte Absprachen sind zu durchschauen und »Pläne« zu durchkreuzen.

Verschärfend und den Überzeugungsgehalt der Verschwörungsmetapher bekräftigend, wirken sich darüberhinaus jene historischen Begebenheiten aus, denen in der neueren Nationalgeschichte der Araber das Moment der Verschwörung und Geheimhaltung anhaftet. Doch rechtfertigen sie nicht die Schlußfolgerung, geheime Absprachen kolonialer und imperialistischer Mächte seien der Schlüssel zur Erklärung des jüngeren, arabischen Geschichtsverlaufes. Die tieferen Gründe der als enttäuschend erfahrenen Entwicklung eigener Geschichte waren im Gesellschaftlichen angelegt. Solche Sozialstrukturen bilden den Hintergrund, vor dem westliche Geheimdiplomatie überhaupt reüssieren konnte. Sie erklären, warum westliche Politik das Schicksal der Araber mitbestimmen konnte. Ein für Oberflächenreize empfängliches Bewußtsein mag annehmen, die den Augen und Ohren der Araber verborgenen Absprachen hätten den Gang der Dinge festgelegt. Hier wäre etwa an das, die unmittelbare arabische Unabhängigkeit nach dem Ersten Weltkrieg unterminierende, anglofranzösische Sykes-Picot-Abkommen aus dem Jahre 1916 zu

denken, mit dem sich beide Mächte den Vorderen Orient in Einflußsphären aufteilten. Das im kollektiven Gedächtnis der Araber in seiner Bedeutung aufgebauschte Abkommen fungiert als negativer Begründungsmythos der nicht verwirklichten Einheit. Ähnliches wäre auch für die Balfour-Erklärung auszuführen. Die britische Zusage an die Zionisten, eine jüdische Heimstätte in Palästina zu fördern, wird als letzter und konstitutiver Grund der jüdischen Staatsgründung identifiziert. Der komplizierte und aus vielerlei Elementen und Bedingungen zusammengesetzte Weg zum Staate Israel wird sich einem derart monokausal, auf äußere Umstände fixierten Interpretationsversuch entziehen. Geradezu idealtypisch bestätigt die sogenannte »Suez-Verschwörung« der Briten, Franzosen und Israelis gegen das Ägypten Nassers im Jahre 1956 die Annahmen der Verschwörungsmetapher. In diesem Geschehen, das tatsächlich auf einer komplottartigen Geheimhaltung beruhte – außer den Ägyptern sollten vor allem die Amerikaner getäuscht werden –, zieht sich der gesamte zeitgeschichtliche Erfahrungs- und Wahrnehmungshorizont der Araber zu einem das Erklärungsmodell von Kabale und Verschwörung endgültig verifizierendem Ereignis zusammen. Damit war jener die Komplexitäten der Wirklichkeit verkürzende Deutungstopos nur noch tiefer in das Massenbewußtsein der Araber eingeschweißt und blieb organisierend für zentrale Bereiche des kollektiven Gedächtnisses. Es ist nunmehr für die ständige Wiederkehr des Gleichen geeicht.
Im Konflikt mit Israel erfährt jene Metapher eine widersprüchliche und umso verwirrendere Bestätigung. Denn Israel stellt für die arabisch-muslimische Welt ja durchaus Verschiedenes dar, wenn nicht gar sich Ausschließendes. Einmal repräsentiert es Juden, wie sie in der über Jahrhunderte gewachsenen, muslimischen Perspektive gesehen werden: als waffenlose Schutzbefohlene, als »dhimmis«, die zur Ausübung von Autorität und Herrschaft weder befugt, noch in der Lage sind. Womit ein Interpretament benannt ist, das der historischen Wirklichkeit der in islamischen Ländern ansässigen Juden durchaus entspricht. Zum anderen ist Israel Repräsentant und Vorposten des Westens, feindselig und übermächtig also. Dabei ist

der jüdische Staat in arabischer Wahrnehmung schwach und stark zugleich. Die Haltung einem derart widersprüchlich erscheinendem Antagonisten gegenüber ist ständigen, zwischen Extremen oszillierenden, psychischen Schwankungen unterworfen. Die daraus resultierende Zerrissenheit wird von unterschiedlichen Empfindungen begleitet, mit jeweils variierenden historischen Orten und Zeiten bebildert.
Exemplarisch hierfür ist die ägyptische Reaktion auf die Zerstörung seiner Luftwaffe während eines Überraschungsangriffes im Juni-Krieg 1967. Ob Nasser wirklich glaubte, mit israelischen Hoheitszeichen versehene, amerikanische und britische Flugzeuge hätten die Luftstreitmacht Ägyptens am Boden zerstört oder ob dies nur vorgeschützt wurde, ist unerheblich. Bedeutsam hingegen ist die prominente Verwendung eines solchen Bildes. Es suggeriert die Wiederkehr der Ereignisse von 1956, jenes neueren Kernerlebnisses der arabischen Nation, als Israel in seinem militärischen Vorgehen gegen Ägypten der Hilfe Englands und Frankreichs bedürftig schien. Jedenfalls wurde 1967 mittels dieser vergangenen Wirklichkeit die kränkende Realität der Niederlage überspielt und den Israelis im Wertehorizont der Araber jener Platz zugewiesen, der ihrer Tradition und Erfahrung nach Juden gemeinhin gebührt: nämlich Schutzbefohlene zu sein – und wenn, dann nur mittels direkter Hilfe des Westens bestehen zu können.
Im August 1990, gleich nach der gewaltsamen Besetzung und Annexion Kuwaits, fand das 1967 von Nasser verwandte Bild auf der Folie seines prägenden Vorläufers aus dem Jahre 1956 abermals Verwendung – wenn auch in neuerlicher Verkehrung. Dem kollektiven Gedächtnis entsprechend und der für seine Generation orientierenden Bedeutung der 50er Jahre treu, ließ Saddam Hussein erklären, ihm lägen unbezweifelbare Beweise dafür vor, daß die in Saudi-Arabien konzentrierten US-amerikanischen Kampfflugzeuge in Wahrheit israelische Maschinen sind, denen zum Schein amerikanische Hoheitszeichen aufgetragen worden seien.
War das Bild der Israelis in den 50er und auch noch in den 60er Jahren von der Imago des vorgeblich armseligen, orientalischen Juden des Orients beeinflußt, so stülpt Husseins Be-

hauptung die Version um. Jetzt triumphiert das Phantasma, die Juden seien nicht nur übermächtig, sondern auch zu allem fähig. Einer weit verbreiteten Überzeugung zufolge sind die USA zu einem bloßen Instrument der Macht der Juden geworden, herabgestuft zum Agenten des Zionismus. Eines Zionismus im übrigen, dem es – wie arabische Pressemeldungen verlautbaren – obendrein gelungen sei, die große Sowjetunion, traditioneller Verbündeter der Araber, in Gestalt Gorbatschows als Weltmacht zu demontieren, um sie willfährig zu machen.

Der von Saddam Hussein verursachte Golfkrieg hat den arabischen Orient in eine tiefe Krise gestürzt. Nach dem Juni-Krieg 1967 markierte dieser Krieg die zweite politische Katastrophe während der Lebensspanne einer Generation. Trotz vermeintlicher Wiederholung hat diese Krise eine ganz andere Natur. Die Araber handelten nämlich sowohl im Vorfeld des Krieges, wie in der militärischen Auseinandersetzung selbst, nicht monolithisch. Wider alle Erwartung stand die Mehrheit der bedeutenden arabischen Staaten gegen Saddam Hussein und damit in einer Frontlinie mit dem Westen. Der Automatismus ethnischer Solidarität als vormodernes Loyalitätsphänomen wurde damit in historisch relevanter Weise durchbrochen. Dies wird nationalistisch gesinnte Araber zutiefst verletzt haben. Aber im Sinne eines Wandels kollektiver Bewußtseinslagen, weg von der sattsam bekannten, pawlowisch anmutenden Solidarität mit jedem arabischen Despoten und der damit einhergehenden Opferung von Urteilskraft, eignet dem Vorgang emanzipative Kraft. So mag es durchaus sein, daß der Golfkrieg, der die arabische Welt und ihre intellektuelle Klasse zutiefst paralysierte, eine neue Aufklärung anstößt. Was in der veröffentlichten Meinung des Westens gemeinhin als Fundamentalismus firmiert, wird aus Enttäuschung über den arabischen Nationalismus, der westlich-antiwestlichen Form eigenen Selbstverständnisses, zwar noch manchen Erfolg zeitigen. Doch war das Verhalten einer Vielzahl arabischer Menschen während des Krieges nicht von Einstellungen bestimmt, die dem orientalistischen Bild der »arabischen Massen« entsprochen hätten. Vielleicht steht eine Veränderung des politischen

Bewußtseins an – in berechtigter Distanz zum Westen, aber doch insoweit westlich, wie auch der Westen den Anforderungen eines wirklichen Universalismus gerecht zu werden vermag.

Ein jüngst aus Ägypten zurückkehrender Reisender berichtete von einer Konferenz arabischer Intellektueller in Kairo, auf der einer der Teilnehmer den Wunsch formulierte, die Araber möchten sich endlich vom falschen Bild ihrer selbst befreien.

Ungeliebter Friede – Israel und die Araber

Es war vorauszusehen: der Krieg am Golf hat die Bemühungen beschleunigt, in der Palästinafrage zu einer Friedensregelung zu gelangen. Ursächlich hierfür ist die Erkenntnis, daß der Nahe Osten in einer sich neu formierenden Weltgemeinschaft nicht länger mit einem Konflikt leben kann, der ständig zur kriegerischen Entladung drängt und Sprengwirkungen zu entwickeln vermag, die weit über seinen unmittelbaren Anlaß hinausgehen. Das grundlegende Interesse an Stabilität führt die nicht nur in der Region hegemonialen Vereinigten Staaten dazu, alles zu versuchen, um Israel, die arabischen Staaten und die Palästinenser an einen Tisch zu bringen.

So fürchterlich der Krieg am Golf gewesen ist, zumindest hat er die Anstrengungen befördert, im arabisch-israelischen Konflikt Lösungen zu finden. Dies hat weniger mit der sogenannten »linkage« zu tun, jener Verknüpfung, die Saddam Hussein zwischen der Annexion Kuwaits und der Palästinafrage herzustellen bestrebt war, um sich ohne Gesichtsverlust aus der kuwaitischen Falle herauszuwinden, in die er sich hineinmanövriert hatte. Eher trifft das Gegenteil zu, denn gerade auch die arabischen Koalitionäre im Konflikt mit dem Irak waren nicht willens, Saddam Hussein den Erfolg an einer Front zu gewähren, die zu den Herzensangelegenheiten der Araber gehört. Es lag in ihrem Interesse, Saddam tief zu demütigen, um seinen mit der Annexion Kuwaits nur nachdrücklicher angemeldeten Machtanspruch innerhalb der arabischen Welt zurückzuwei-

sen. Nein, eine »linkage« war nicht vorgesehen, wenn die verstärkte Umtriebigkeit in der Palästinafrage zweifelsohne auch in direktem Zusammenhang mit den Aggressionen Husseins steht. Amerika wollte der arabischen Staatenkoalition, die sich zur Vertreibung Saddam Husseins aus Kuwait zusammengefunden hat, in jenem Bereich einen Erfolg sichern, auf den die Araber in der Tat einen Anspruch haben. Ein solcher Erfolg läge natürlich auch im wohlverstandenen, allgemeinen Interesse an regionaler Stabilität im Nahen Osten.
Schon vor dem Ausbruch der Kämpfe am Golf ist absehbar gewesen, daß die amerikanisch-arabische Annäherung anläßlich des Krieges die USA verstärkt dazu veranlassen werden, die Parteien im Palästina- und Nahost-Konflikt, vor allem aber Israel, an den Verhandlungstisch zu drängen. Dafür bedurfte es im Prinzip nicht des Golfkrieges. Die USA setzten mit den neuen Bemühungen lediglich eine Politik fort, die sie schon vor der Krise um Kuwait eingeleitet hatten. Monate vor dem Ausbruch der Streitigkeiten hatte die US-Administration die Israelis bereits zu Verhandlungen gedrängt und von der Regierung der »nationalen Einheit« verbindliche Antworten hinsichtlich prozeduraler Schritte eingefordert – vor allem was die Frage der Teilnahme palästinensischer Vertreter aus den besetzten Gebieten, einschließlich Jerusalems, anbelangt. Wie erinnerlich, war die Regierung über das Problem einer »Antwort an Baker« zerbrochen. Die Arbeitspartei unter Simon Peres bemühte sich ihrerseits eine Regierung zu bilden, scheiterte allerdings mit diesem Versuch.
Der Golfkrieg wiederum verschaffte der Regierung Schamir eine Verschnaufpause. Was ein willkommener Zeitgewinn zu sein schien, sollte angesichts der Kämpfe und der bemerkenswerten Standhaftigkeit aller arabischen Bündnispartner der USA zu einer eindeutigen Verschlechterung der Position Israels führen. Der einzig verläßliche US-amerikanische Bündnispartner in der Region, wie Israel in der sattsam bekannten Formel tituliert zu werden pflegt, war zum ersten Male an militärischen Auseinandersetzungen im Nahen Osten nicht beteiligt. Ja, es fand sich regelrecht ausgeschlossen. Mehrfach machten die USA deutlich, daß sie eine israelische Beteiligung

am Krieg nicht nur nicht wünschten, sondern sie sich ausdrücklich verbaten. Solche Zurücksetzung Israels war in der Tat neu. Den USA war es allemal wichtiger, mit den arabischen Staaten Saudi Arabien, Ägypten und Syrien zu kooperieren, als sich auf Israel zu stützen und damit Gefahr zu laufen, den eigentlich arabisch-arabischen Konflikt in einen arabisch-israelischen Gegensatz einmünden zu lassen.
Konflikt wie Krieg am Golf, die Zurücksetzung Israels eingeschlossen, sind Indikatoren eines völligen Wandels der bislang gültig gewesenen, ja historisch eingespielten Konstellationen im Vorderen Orient. Dieser Wandel, Folge der umgreifenden Auflösung des die ganze Welt in Bann schlagenden Ost-West-Gegensatzes, bedarf hier keiner weiteren Ausführung mehr. Die Bipolarität sorgte über vierzig Jahre lang dafür, daß wesentlich lokal begründete Konflikte über kurz oder lang den transregionalen Charakter jenes Gegensatzes annahmen. Solche Rationalisierung kam selbstredend auch im Nah-Ost-Konflikt zum tragen, obschon er sich seiner Natur nach eigentlich nicht mit dem ihn überlagernden Ost-West-Gegensatz zur Dekkung bringen ließ. Die Vereinigten Staaten unterstützten Israel, wenngleich sie die Politik der Annexionen und Besiedlung der besetzten Gebiete keineswegs guthießen, während die Sowjetunion den arabischen Staaten beistand, obwohl die östliche Supermacht 1948 weit mehr zur Gründung des jüdischen Staates beigetragen haben wird als die USA. Wie auch immer: Das Ende der Bipolarität verändert den ursprünglichen Palästinakonflikt, die Auseinandersetzungen zwischen Juden und Arabern um das Land zwischen Mittelmeer und Jordanfluß, nicht. Die Koordinaten bleiben trotz aller Verwandlungen stabil. Indes wurde die Konstellation, die insbesondere die arabischen Nachbarstaaten über Gebühr in den Konflikt verwickelte, umgestoßen.
Am deutlichsten läßt sich diese Kehre an der Politik des syrischen Präsidenten Hafez el-Assad ablesen. Die syrische Politik war über Jahre hinweg darauf gerichtet gewesen, ein strategisches Gleichgewicht mit dem jüdischen Staat zu etablieren. Syrien war kraft einer Politik der militärischen Stärke bestrebt, Israel die Rückgabe der 1967 besetzten Gebiete abzuzwingen,

ohne es dabei zu einer endgültigen Friedensregelung kommen zu lassen. Darüberhinaus erklärte sich Syrien aus panarabischen Motiven heraus für die Palästinenser zuständig, was mit der PLO zu ständigen Reibungen führen mußte. Auf eine Formel gebracht, wollte Syrien die Konsequenzen des Sechs-Tage-Krieges wieder rückgängig machen, ohne sich in der Frage der Anerkennung Israels festzulegen. Doch diese Strategie einer Konfliktbeherrschung ohne Konfliktregulierung wurde durch die Veränderungen in der Sowjetunion aus den Angeln gehoben. Syrien, das seit dem Ende des Oktoberkrieges 1973 und dem daraufhin mit Israel geschlossenen Entflechtungsabkommen in geradezu pedantischer Weise Infiltration aus seinem Territorium heraus nach Israel hinein zu verhindern trachtet und auch sonsthin – vor allem was den Libanon angeht – in einer Art konkludenter Absprache vermeidet, dort Zusammenstösse entstehen zu lassen, sieht seit dem Verfall des Kalten Krieges, recht eigentlich schon seit 1987, keine Möglichkeit mehr, die Politik des strategischen Gleichgewichts weiter zu verfolgen. Assads Besuch bei Gorbatschow legte in aller Deutlichkeit offen, daß sich die Sowjetunion außerstande sieht, Syrien zukünftig zu unterstützen. Dem syrischen Potentaten war mithin bewußt, daß er nicht zuletzt im Interesse der Erhaltung seines Regimes einen Weg finden mußte, sich mit der einzig handlungsfähigen Supermacht, den USA, zu arrangieren. Gleiches galt selbstredend für sein Begehren, Israel die Aufgabe zumindest der syrischen Gebiete abzutrotzen. Assad führte also unversehens eine Politik fort, die eigentlich Sadat eingeleitet und die Syrien vierzehn Jahre lang verbissen bekämpft hatte. Während Sadats Strategie einer Anerkennung Israels bei gleichzeitiger Anlehnung Ägyptens an die USA im damals noch gültigen Kontext des Ost-West-Gegensatzes dem Land die Rückgabe der israelisch besetzten Sinai-Halbinsel bescherte, zwang den ausschließlich in Macht- und Selbsterhaltungskategorien operierenden Assad erst eine Situation, in der für ihn keine andere Alternative mehr offenstand, dazu, sich der guten Dienste der USA zu versichern.

Bevor diese Politik zum Durchbruch kam und Syrien schließlich seine Bereitschaft erklärte, direkte Verhandlungen mit Israel ohne Vorbedingungen aufzunehmen, schien es noch des katalytischen Golfkrieges zu bedürfen. Auch für Syriens neue Politik war der Krieg aber nicht der eigentliche Auslöser. Er verstärkte lediglich, was ohnehin schon in Bewegung geraten war. Trotz der führenden Rolle Syriens als nationalistischem arabischen Land sah Assad in Saddam Hussein eine katastrophische Bedrohung für halbwegs kalkulierbare und stabile Verhältnisse in der Region. Außerdem herrschte zwischen beiden eine durch nichts zu besänftigende Feindschaft. Sie mag ihren Ausgang von innerparteilichen Rivalitäten zwischen den beiden Baath-Regimen genommen haben und sollte zu heftigen Fehden zwischen Bagdad und Damaskus führen – Anschläge auf das Leben von Schlüsselpersönlichkeiten beider Staaten eingeschlossen. Die Gegnerschaft hatte im Laufe der Jahre solche Dimensionen angenommen, daß Syrien im Widerspruch zu seinen innerarabischen Loyalitätsbezeugungen zu einem bedeutenden Gegner des Irak avancierte. Während Ägypten unter Mubarak den Irak im ersten Golfkrieg aus arabischer Solidarität heraus gegen den revolutionären Iran militärisch und logistisch unterstützte, stand Syrien als einziges arabisches Land eindeutig auf der Seite des Iran, immerhin doch ein nichtarabischer und zudem noch islamischer Staat. Spätestens diese Parteinahme belehrte darüber, daß Assad trotz einer säkularistisch und arabisch-nationalistisch eingefärbten Rhetorik einer im Grunde unideologischen, ausgesprochen pragmatischen Politik anhängt. Sie soll das Überleben des Regimes und seiner Klientel sichern, weshalb alles, was diesem Ziel dient, akzeptable Strategie ist.

Der Krieg gegen den von Assad beargwöhnten, des politischen Abenteurertums verdächtigten Saddam Hussein trug in seiner Verbindung mit dem Ende globaler Bipolarität erheblich dazu bei, Syrien aus seiner nur von der Sowjetunion gestützten Isolation herauszulösen und den USA anzunähern. Während des Krieges gegen den Irak bekundete Damaskus gar sein schlechterdings revolutionär anmutendes Verständnis für den Fall, daß Israel sich entschließen sollte, auf die irakischen Raketenangriffe gegen Tel Aviv militärisch zu reagieren. Durch solche

Verlautbarungen gab Syrien zu erkennen, daß es sich faktisch mit Israel verbunden fühle – wenn auch nur zeitweilig und auf Grund der besonderen Umstände in der Golfregion. Sicherlich hatten diese Avancen taktische Hintergründe, doch angesichts der jahrzehntelangen Feindschaft und des fortdauernden Kriegszustandes stellten sie einen politischen Durchbruch dar. Das Interesse an Machterhalt, Sicherheit und Stabilität neutralisierte die alte ideologisch motivierte Feindschaft gegenüber dem zionistischen Kreuzritterstaat, als den man Israel vormals betrachtet hatte.

Politische Konsequenzen sollten nicht lange auf sich warten lassen. Nach einigem Zieren und Filibustern erklärte sich Syrien zur Verwunderung vieler, nicht zuletzt der Israelis bereit, mit dem jüdischen Staat ohne Vorbedingungen in Friedensgespräche einzutreten, um über alle Fragen beiderseitigen Interesses zu verhandeln. Die Gespräche sollen direkt und ohne Vermittlung einer anderen Seite stattfinden – ein prozeduraler Akt, in dem Syrien für alle erkennbar und verbindlich deklariert, daß es den israelischen Staat anerkannt habe. Eine seit über dreiundvierzig Jahren erhobene israelische Forderung war erfüllt. Folglich kann der erste Palästinakrieg, der Krieg von 1948, syrischerseits als beendet gelten. Was jetzt noch aussteht, ist die Lösung derjenigen Probleme, die mit dem Jahre 1967 in Verbindung stehen. Hierbei wird es in erster Linie um territoriale Fragen gehen, d.h. um die Zukunft der von Israel okkupierten, arabischen Gebiete. Syrien, das zum harten Kern der arabischen Gegner Israels zählt, ist über jenen Schatten gesprungen, der andere arabische Staaten und früher sogar die PLO davon abgehalten hatte, Israel näherzutreten. Daß es dazu kommen konnte, ist zuallererst dem Ende des Kalten Krieges und als Folge und Verstärkung der manifest gewordenen Tendenz, dem Krieg gegen den Irak geschuldet.
Nun wäre es töricht, im Verfahren eines Umkehrschlusses zu dem Ergebnis zu kommen, der Ursprung des Konflikts verweise auf den Ost-West-Gegensatz. Nein, der Palästinakonflikt ist eine Problematik sui generis. Sicherlich hat der Kalte Krieg in einer Globalisierung des Ost-West Gegensatzes auch regionale

Auseinandersetzungen verfestigt. Er fungierte, was etwaige Waffenlieferungen der jeweiligen Supermacht wie den Import politischer Motivationen anbelangt, gewissermaßen als der Energiespender für solche Konflikte. Beispielsweise sollte in diesem Zusammenhang nicht übersehen werden, daß es ohne sowjetische Rückendeckung oder gar sowjetische Initiative aller Wahrscheinlichkeit nach nicht zur Mai-Krise 1967 und folglich auch nicht zum Kriege im Juni gekommen wäre. Damals behauptete das von der Sowjetunion assistierte Syrien, Israel ziehe Truppen an seiner Nordgrenze zusammen – eine Behauptung, die haltlos war. Doch geriet ein Eskalationsmechanismus in Gang, der alle arabischen Staaten involvierte und Israel zu einem Vorgehen zwang, das seiner Strategie der Abschreckung geschuldet war. Eine nachträgliche Bewertung kann also davon ausgehen, daß der seit 1948 schwelende Palästinakonflikt aufgrund des ihn aktivierenden Ost-West-Gegensatzes 1967 eine Situation heraufbeschwor, die damals im Krieg mündete. Ebenso wahr bleibt freilich, daß die Bipolarität einen gleichsam moderierenden Einfluß auf das Kriegsgeschehen ausübte und ein militärisch überraschend auftrumpfendes Israel zur Beschränkung seines Vormarsches veranlaßte.
Dies doppelte Potential der Bipolarität, antreibend wie hemmend wirken zu können, ist nunmehr erschöpft. Der Nah-Ost-Konflikt hat seine globale Einbindung verloren und den Kriegsgegnern ist letztendlich die Unterstützung der Supermächte entzogen. Die neue Realität verpflichtet die eine und einzig verbliebene hegemoniale Supermacht, die USA, dazu, im Interesse der notwendigen Stabilität einer derart wichtigen und politisch so unsicheren Region zweierlei zu bewerkstelligen. Sowohl die Überformungen des Konflikts, die mit dem alten Weltgegensatz in Verbindung standen, müssen ausgeschwemmt, als auch der Kern des Konflikts, die Palästinafrage, einer Lösung zugeführt werden. Wobei es – wohlgemerkt – um Entspannungsszenarien geht, mit denen die autochtonen Parteien in der Region leben können.

Assad mag es in der Tat aufgrund seiner Abhängigkeit von der Sowjetunion verhältnismäßig leicht gefallen sein, die Zeichen der Zeit zu verstehen und aus dem revolutionären Wandel in der Welt umgehend praktische Schlüsse zu ziehen. Zu seinen Schlußfolgerungen gehörte also die Entscheidung, den Konflikt von 1948, der durch die Nichtanerkennung Israels in die Gegenwart hineinragte, nicht mehr auszufechten und sich an Stelle dessen auf die international kompromißfähigen Anteile des arabisch-israelischen Konflikts zu konzentrieren, d.h. auf das Jahr 1967. Was er jetzt ansteuert, ist die Räumung der Golan-Höhen und eine Lösung der Palästina-Frage, soweit sie sich territorial auf Westbank und Gaza bezieht.

Im Vergleich zur bisherigen Haltung ist die Kehrtwendung in der syrischen Position derart einschneidend, daß die Frage naheliegt, ob Syrien heute noch willens ist und sich innerarabisch auch verpflichtet fühlt, sein unmittelbares Begehren, den Golan zurückzuerlangen, überhaupt mit der Palästinafrage, d.h. mit stellvertretenden Ansprüchen auf die Westbank und den Gaza-Streifen zu verbinden. Einige Anzeichen sprechen für Syriens Bereitschaft, die Palästinenser gesamtarabisch im Regen stehen zu lassen. Eine derartige Entscheidung wäre innerhalb der gegenwärtigen internationalen und innerarabischen Konstellation für die Palästinenser weitaus folgenreicher, als die Politik Sadats, die letztendlich auch die ägyptischen Interessen jenen der Palästinenser vorgezogen hatte. Während Sadat für sein umfassend gemeintes, schließlich aber doch nur bilateral realisiertes Abkommen mit Israel noch darauf vertrauen konnte, die Option bestünde, das sich seinem Schritt verschließende Syrien werde in Zukunft die palästinensischen Interessen mitvertreten, besteht bei einem ähnlichen Verhalten Syriens Israel gegenüber eine solche Möglichkeit nicht mehr. Sollte sich Damaskus nach einer Separatlösung, die ihm die Golanhöhen oder auch nur einen Teil des Gebietes rückerstattet, aus dem Konflikt zurückziehen, gibt es keinen ernstzunehmenden arabischen Faktor mehr, der sich der palästinensischen Interessen dem jüdischen Staat gegenüber annehmen könnte. Die Eventualität einer solchen Entwicklung ist das Damoklesschwert, das gegenwärtig über den Häuptern der Palästinenser schwebt.

Die Doppelgleisigkeit der von den Amerikanern anberaumten Verhandlungen zwischen Israel und den Arabern, einen ersten Verhandlungsstrang zwischen den arabischen Staaten und dem jüdischen Staat einzurichten und einen zweiten zwischen Israel und den Palästinensern, will genau dieser Ambivalenz Syriens Rechnung tragen. Damaskus könnte sein Gewicht allein auf der Staatenebene einsetzen und die Palästinenser sich selbst überlassen oder Fortschritte auf dem zwischenstaatlichen Gleis von solchen zwischen Israel und den Palästinensern abhängig machen, womit beide Ebenen zugunsten der Palästinenser ineinander verzahnt würden.
Die veränderte syrische Haltung zeigt den fundamentalen Wandel an, den der Nahost-Konflikt mit dem Untergang des Ost-West-Gegensatzes erfahren hat. Gleichzeitig gibt sie ein tiefes Verständnis sowohl der Natur des Konfliktes wie der sich daraus auch für Syrien ergebenden Handlungsoptionen zu erkennen. Assad dürfte zu Recht davon ausgehen, daß nicht nur seine über Jahre verfolgte Strategie des Gleichgewichts hinfällig geworden ist, sondern das Ende der Blockrivalität auch für die traditionelle israelische Politik einen Einschnitt setzt, der die israelische Führung in einen ihr wenig genehmen Zugzwang bringt.
Zweifelsohne zählt Israel in seiner gegenwärtigen Verfaßtheit wie seiner traditionellen Politik der Anlehnung an die Vereinigten Staaten nach zu denjenigen Gemeinwesen, die aufgrund des globalen Wandels im allgemeinen und des Krieges am Golf im besonderen an Bedeutung verloren haben. Auf der Seite der Verlierer steht Israel, weil es seit seiner Gründung, die mit dem Beginn des Kalten Krieges zusammenfällt, ohne mit ihm substanziell verbunden zu sein, eine Politik betrieb, die sich durch eine Parteinahme im Ost-West-Gegensatz westliche Unterstützung im Konflikt mit den Arabern sicherte. Das Kalkül ging auf, da sich die wichtigsten Araberstaaten – also Ägypten, Syrien und der Irak – aus gleichlautenden Gründen der sowjetischen Seite zuwandten.
Gleichwohl gibt es einen Unterschied, denn die Israel gewährte Hilfe und Unterstützung wurde von den USA zwar rhetorisch und politisch mit dem Ost-West-Gegensatz legitimiert, ent-

sprang aber nicht unbedingt amerikanischer Außen- und Geopolitik. Israel ist eher ein Thema amerikanischer Innenpolitik, denn ein ausgesprochen strategisches »asset« für die USA. Heute übernehmen die USA eine Rolle, die nicht mehr auf regionale Gegensätze entlang der globalen Konfrontationslinien baut, sondern ganz im Gegenteil auf Stabilität und Konfliktlösung setzen muß. Nun scheint die Situation aber die zu sein, daß Israel sich selbst bei erfolgter Anerkennung seiner staatlichen Existenz durch die arabischen Staaten und selbst angesichts erklärter arabischer Bereitschaft zu halbwegs normalen, zwischenstaatlichen Beziehungen siedlungspolitisch dagegen sperrt, die Gebiete im Rahmen einer Friedenslösung aufzugeben. Sein Beitrag zur Regelung der Palästinafrage steht noch infrage. Syrien geht demgegenüber in seiner Politik der neuen Nachgiebigkeit davon aus, daß die Strategie israelischer Verweigerung weder von der Weltgemeinschaft noch von den USA hingenommen werden wird. Auf diesen Gegensatz, hervorgerufen durch arabische Erklärungen, mit Israel vor dem Hintergrund einer neuen Weltordnung direkt verhandeln zu wollen, baut die syrische Führung.

Der Ost-West-Gegensatz und die bedingungslos erscheinende Unterstützung, die Amerika Israel in den letzten zwanzig Jahren angedeihen ließ, haben einen elementaren Unterschied verdeckt, der die »Philosophien« der USA und Israels trennt. Den Beobachter mag es irritieren, doch Israel und die Vereinigten Staaten sind der raison d'être ihrer politischen Gemeinwesen nach durchaus unterschiedlich, in manchen Aspekten gar gegensätzlich konstitutiert. Darüber sollten kulturelle Affinitäten nicht hinwegtäuschen. Daß gerade solche Gemeinsamkeiten von den Medien und politischen Handlungsträgern herausgestellt wurden, ist nicht weiter verwunderlich. So konnte Israel sich rühmen, einzige Demokratie im Nahen Osten zu sein und als zuverlässiger, strategischer Bündnispartner der USA ein Anrecht darauf geltend machen, in Sachen militärischer Ausrüstung und know how privilegiert behandelt zu werden. All das ist sicherlich richtig und hat in der öffentlichen Meinung der USA tiefe Wurzeln geschlagen. Die gegenwärtige Interessenpolitik spricht allerdings eine andere, nämlich durchaus pragmatische Sprache. Beispielsweise zieht das Pentagon gemeinsame Manöver mit ägyptischen Truppen einer allzu engen Annäherung an Israel vor. Wie die jeweilige Praxis der Zusammenarbeit zwischen Israel und den USA auch aussieht und von welchen politischen Konjunkturen sie auch angetrieben werden mag, bedeutsamer als jene in Vergangenheit und Gegenwart beschworenen Gemeinsamkeiten dürften in Zukunft mögliche Divergenzen sein. Nach dem Ende des Kalten Krieges, der Periode, die das politische Denken von bloßen Zugehörigkeiten abhängig machte, können prinzipiellere Unterschiede zwischen den USA und Israel manifest werden, insbesondere jene Differenz in der raison d'être. Sie betrifft einen Bereich des politischen Selbstverständnisses, der für das Wertesystem der USA und in zunehmendem Maße auch für dasjenige der übrigen Welt Gewicht erhält: das Feld der Menschenrechte.

Nun dürfte die Prognose Erstaunen hervorrufen, daß Israel, dem die USA nicht zuletzt auch seiner demokratischen Verfaßtheit wegen Unterstützung gewähren, mit den Vereinigten Staaten in Menschenrechtsfragen aneinandergeraten könnte. Bei näherem Hinsehen verschwindet das mögliche Befremden aber. Zweifellos ist Israel demokratischer als alle umliegenden arabischen Staaten und mit Sicherheit auch demokratischer als gewisse Staaten andernorts. Indes verhält sich Israel primär seiner Nominalnation, d.h. den Juden, gegenüber demokratisch. Für die arabischen Bewohner, immerhin Bürger des Staates, und weit mehr noch für die Palästinenser der besetzten Gebiete, haben sich die Rechtsformen hingegen verändert. Sie werden immer administrativer. Das Resultat dieser Entwicklung ist eine intern gespaltenen Demokratie, die jedoch nicht willkürlich oder ideologisch motiviert ist, wie einige Gruppierungen in Israel vorgeben. Sie steht vielmehr im Zusammenhang mit der Natur des Palästinakonfliktes. Denn seiner Substanz nach handelt es sich um einen demographischen, einen Volksgruppenkonflikt, der auf Territorialisierung drängt. Es ist ein Konflikt zwischen Arabern, die in ihrem Lande zu einer Minderheit gemacht wurden, und Juden, die einerseits aus weltanschaulichen Gründen, andererseits um der Verfolgung zu entgehen, in dieses Land einwanderten. Und das erklärte Ziel ihrer Einwanderung war die nationale Staatsgründung.

Daß die jüdische Staatsgründung nur auf Kosten der in Palästina ansässigen Araber realisiert werden konnte, kann heute wohl kein Gegenstand des Meinungsstreits mehr sein. Für die Lösung des sich bis zur Gegenwart fortsetzenden Konflikts wäre es aber wenig hilfreich, geschichtlich gewordenes Unrecht und geschichtlich beanspruchtes Recht gegeneinander aufzurechnen, es sei denn, der Prozeß der Besiedlung solle weiter fortgesetzt werden. Dann würde das vergangene Unrecht tagtäglich erneuert und auf den eigentlich doch der Zukunft verpflichteten Entscheidungen der Lebenden lasten. Konkret gesagt: Setzt die israelische Regierung die jüdische Besiedlung der besetzten Gebiete gegen die arabisch-palästinensische Bevölkerung weiter durch, aktualisiert sie den historischen Konflikt zwischen Juden und Arabern um das Land als Ganzes. Sie würde den Zwist weiter anfachen, von dem sich mittlerweile selbst die Palästinenser durch die Anerkennung des Staates verabschiedet haben.

Die PLO hat einen Zustand, der über Jahre und Jahrzehnte als tiefes Unrecht empfunden wurde, politisch hingenommen. Alle anderen Arrangements wären in der Tat katastrophisch. Ihre frühere Absicht nämlich, den Konflikt in seiner historischen und mit dem Jahre 1948 verbundenen Dimension auszutragen, d.h. Geschichte rückgängig zu machen und sich dabei militärischer Mittel zu verschreiben, hat nolens volens dazu geführt, die kompromißfähige Seite des Konflikts stillzulegen, die mit dem Jahre 1967 und einem israelischen Rückzug aus den Gebieten der Westbank und des Gazastreifens in Verbindung steht. Aus dieser historischer Fixierung geschuldeten Falle haben sich die Palästinenser in einer jahrelangen Anstrengung gegen sich selbst herausbegeben – ohne hierfür von Israel durch Anerkennungen gratifiziert zu werden. Der Grund israelischer Intransigenz ist wesentlich darin zu suchen, daß der Konflikt seit 1967 auch in Israel zu Veränderungen geführt hat, freilich in umgekehrter Richtung. Diejenigen, die ihrer erklärten Absicht – weniger ihrer Praxis – nach bereit gewesen wären, für Anerkennung, Frieden und Sicherheit die besetzten Gebiete zu verlassen, wurden durch den sich verschärfenden Konfliktverlauf, aber auch durch davon unabhängige, innerisraelische gesellschaftliche Verschiebungen in die Opposition gedrängt. Statt ihrer verfügen heute Parteien über die Regierungsgewalt, die aus ideologischen Gründen mit einem Israel in den Grenzen von 1948 nicht leben wollen. Sie streben einen jüdischen Staat an, den sie als »historisch« bezeichnen und der geographisch zumindest bis zum Jordan führen soll – also die 1967 besetzten, restpalästinensischen Gebiete mit einschließt. Doch was hat all dies mit dem Problem israelischer Demokratie und der Einhaltung der Menschenrechten, mit dem prognostizierten, möglichen amerikanisch-israelischen Gegensatz zu tun? Nun, die Aufrechterhaltung der Besatzung von über 1,5 Millionen Palästinensern oder eine in der Logik israelischer Politik liegende Annexion von Westbank und Gaza würden entweder den nationalen jüdischen Charakter des Staates Israel in Frage stellen oder die Araber auf Dauer zu einer Bevölkerung minderen Rechts herabstufen. Der im Prinzip und im Selbstverständnis der Akteure nationale und territoriale Konflikt wäre in ein Menschenrechtsproblem umdefiniert. Tatsächlich sind dem Konflikt beide Elemente eigentümlich, sie stellen gewissermaßen unterschiedliche Aggregatzustände ein und desselben Problems dar. Der Palästinakonflikt kann nämlich den Charakter eines Territorialkonflikts ebenso annehmen wie denjenigen einer Auseinandersetzung um vorenthaltene Menschenrechte. Inwieweit die eine oder die andere Konfliktgestalt dominiert, wird letztendlich durch die Demographie entschieden. Es hängt einerseits vom numerischen Verhältnis der Bevölkerungsgruppen und andereseits von der Siedlungstopographie national und religiös unterschiedener Ethnien ab. Je kleiner die arabische Minderheit wäre, desto umfassender würden die demokratischen Teilhaberechte ausfallen, die man ihr gewährte – zumal eine quantitativ beschränkte Präsenz der Araber den nationalen Charakter des jüdischen Gemeinwesen Israel nicht antasten könnte. Je größer die Bevölkerungsgruppe minderen Rechts in einem sie national ausschließenden Gemeinwesen ist, dem sie gleichwohl formal angehört, desto

massiver wird umgekehrt die Repression ausfallen, mit der Proteste gegen eine Ungleichbehandlung bekämpft würden. Das quantitative Verhältnis der Bevölkerungsgruppen zueinander bestimmt also innerhalb eines Gemeinwesens uninationalen Charakters letztendlich den Charakter des Konflikts. Folglich wird die territoriale Scheidung den in der politisierten Differenz angelegten Gewaltpegel senken.
Die gegenwärtig oppositionellen Parteien in Israel, denen es sowohl auf die nationale Eigenart des Gemeinwesens wie auf demokratische Verhältnisse ankommt, plädieren aus den dargelegten Gründen dafür, die mehrheitlich arabisch besiedelten Gebiete – also Westbank und Gaza – zu räumen. Sie sind bestrebt, den territorialen Charakter des Konflikts herauszustellen und ihn räumlich kompromißfähig zu halten. Umgekehrt befürchten sie, daß die fortgesetzte Besiedlung der Gebiete mit Juden dazu führen könnte, den Konflikt in ein gleichsam innenpolitisches Problem von Demokratie und Menschenrecht zu verwandeln, bei einem gleichzeitigen Verlust des nationaljüdischen Charakters des Staates.Die gegenwärtige Regierung und die sie stellenden Parteien gehen demgegenüber vom ideologischen Motiv der »Einheit des Landes« aus, also vom religiös eingefärbten Dogma, ganz Palästina sei als Eretz Israel, als Land Israel, dem jüdischen Volke zugeeignet. Und wenn die besetzten Gebiete, die ja das Kernland eines biblischen Israel darstellen, von Israel auch nicht aus außenpolitischen Gründen, d.h. mit Rücksicht auf die USA, annektiert werden können, so soll auf alle Fälle verhindert werden, daß sich dort eine »fremde« Souveränität etabliert – weder eine palästinensische, noch irgendeine andere arabische Autorität. Faktisch setzt die Regierung mit ihrer Politik einer langsamen Integration der Territorien in den israelischen Staatsverband auf Zeit. So werden Westbank und Gaza mit Juden besiedelt, damit die Regionen nach und nach ihr arabisches Gepräge einbüßen. Kraft veränderter demographischer Verhältnisse soll schließlich eine neue demokratische Legitimität entstehen, deren Grundlage das demographische Übergewicht der dort angesiedelten Juden wäre.
Es war und ist auch weiterhin die Strategie der Regierung, Zeit

zu schinden und dabei jede Entwicklung zu verhindern oder zumindest zu verlangsamen, die den Prozeß der Landnahme beenden oder womöglich sogar umkehren könnte. Dabei kam ihr der Ost-West-Gegensatz zugute, weil er die USA auf Israel verpflichtete. War der Nahe Osten wie der Rest der Welt doch der Schauplatz des globalen Zweikampfes, der alle Geister schied. Nun aber sind Veränderungen eingetreten, die keiner der ehemaligen Bündnispartner straflos ignorieren kann. Der Wegfall des Kalten Krieges und die in greifbare Nähe gerückte Anerkennung Israels durch die arabischen Staaten läßt die Palästinafrage wieder in ihrer reinen Form hervortreten. Falls die israelische Regierung sich nicht auf die territoriale Gestalt des Konflikts einläßt – was ja in der Formel von »Land für Frieden« beschlossen ist – wird der Konflikt seine alternative, zweite Gestalt ausprägen, d.h. als Menschenrechtskonflikt hervortreten. Zu dieser Erscheinungsform käme es, obwohl sich die Auseinandersetzung in Wahrheit nicht um die Menschenrechte des Individuums im politischen Gemeinwesen dreht. An sich ist die Palästinafrage, wie bereits betont wurde, eine nationale Problematik, die freilich – beraubt man sie ihrer unvermeidlichen, territorialen Implikationen – nicht allein das palästinensische Kollektiv als solches betrifft, sondern die es komponierenden Individuen in ihren Rechten als Einzelne . Da die nationalen Rechte der Palästinenser im Land zwischen Mittelmeer und Jordanfluß aber für die gegenwärtige Regierung in Israel von politisch minderer Bedeutung sind, zeichnet sich der Konflikt in Gestalt einer Menschenrechtsproblematik ab. Doch würde die wie ein Menschenrechtsproblem verhandelte Palästinafrage die Haltung der israelischen Regierung in einen unüberbrückbaren Gegensatz zu den universalistischen Prinzipien der USA setzen. Schon seit einigen Jahren führen Veröffentlichungen des State Departments, die sich mit weltweiten Menschenrechtsverletzungen befassen, Israel an prominenter Stelle auf. So ist zu erwarten, daß eine systematische Festschreibung des Konflikts zu einer Auseinandersetzung um Menschenrechte, die den Palästinensern verweigert werden, langfristig mit dem demokratischen, ethnische Hegemonien neutralisierenden, politischen Selbstverständnis der USA kolli-

diert. Gleichzeitig würde eine solche Konfliktkonstellation den außenpolitischen Interessen Amerikas an regionaler und globaler Stabilität zuwiderlaufen.
Aber mit dem Hinweis auf die gegensätzlichen »Philosophien« hinsichtlich der inneren Konstitution politischer Gemeinwesen in Israel und den USA ist es nicht getan. Die Divergenz tut sich nicht nur zwischen ethnisch-religiös definierter nationaler Homogenität einerseits und einem ethnisch wie religiös, zumindest seinem Anspruch nach indifferenten Gemeinwesen der individuellen Freiheits- und Selbsterfüllungsideale andererseits auf. Die Brisanz dieses Gegensatzes muß auch in ihrer historischen Dimensionierung ausgeleuchtet werden. Denn um die gegenwärtige Politik der israelischen Regierung und die Tradition zu begreifen, in der sie steht, bedarf es der Erinnerung, daß Israel zwar nicht in Europa, jedoch von Europa ist. Europäische Erfahrungen und europäische Traumata gehen nach wie vor in seine Politik ein. Und hier ist nicht einmal der Holocaust gemeint, sondern ein gewiß trivialeres Phänomen in den Blick genommen, das heutzutage – bedauerlich genug – wieder von sich reden macht. Es geht um die Spannungen zwischen Nationen und Nationalitäten, die neu aufgebrochen sind und zu erbitterten Kämpfen führen. Diese aktuellen Entwicklungen in Mittel- und Osteuropa bestätigen den fundamentalen Emanzipationspessimismus, aus dem sich die zionistische Grundhaltung nährt und der sowohl das Fühlen, Denken und Handeln der israelischen Führung wie den Grundkonsens der Bevölkerung trägt. Die historische Lektion, welche die Juden der Welt absolvieren mußten, lautet, daß die zivile Welt ihre Emanzipationsversprechen bis hin zur buchstäblichen Vernichtung des ausgeschlossenen Anderen und Fremden gebrochen hat, daß sie eine wölfische ist und bleibt. Sicherheit ist den Juden draußen niemals und nirgends garantiert.
Wenn Israel von Europa ist, werden die europäischen Renaissancen des Nationalismus und nationalistischer Wirklichkeitsdeutung den Palästinakonflikt mittelbar affizieren. Noch bis in die allerjüngste Vergangenheit konnte man glauben, die Auseinandersetzung zweier Ethnien um Boden und Siedlungsbereiche sei ein aus grauer politischer Vorzeit in die Gegenwart

hinübergeretteter Anachronismus, den Aufklärung und Einsicht in die Vorzüge der Moderne beseitigen werde.
Das Wiederaufflammen der Nationalitätenkämpfe in Europa – vor allem auf dem Balkan – haben solchen Optimismus Lügen gestraft. Der Kampf zwischen Serben und Kroaten, um von möglichen anderen Gegnerschaften der Zukunft jetzt zu schweigen, muß den im Lande zwischen Mittelmeer und Jordanfluß Lebenden geradezu wie ein »remake« der Auseinandersetzungen zwischen Juden und Arabern in Palästina erscheinen. Es sind Kämpfe um Dörfer und Straßen, um topographisch wichtige Positionen, denen vergleichbar, die in den Jahren zwischen 1947 bis 1949 kurz vor dem vollgültigen Ausbruch des ersten arabisch-israelischen Krieges geführt wurden. Solche Präludien unter Blut und Tränen zustandekommender Territorialitäten lassen für die Zukunft erwarten, was bereits die Vergangenheit geboten hatte.
Unter diesem Blickwinkel bestätigt der in einer zerfallenden Sowjetunion dräuende Antisemitismus zunächst den bereits im 19. Jahrhundert großgewordenen Emanzipationspessimismus, der jetzt sogar noch mit dem Scheitern der kommunistischen Utopie, der bloßen Chimäre einer Welt internationaler Völkerfreundschaft argumentieren kann. Und die Massenauswanderung sowjetischer Juden bestätigt sonach, den der Absage an die Assimilation innewohnenden, ethnozentrischen Optimismus, der hofft, die 1967 besetzten Gebiete könnten nunmehr mit den neu einwandernden Juden besiedelt werden.
Die negative Teleologie des politischen Zionismus scheint tatsächlich zu triumphieren. Sein letzter historischer Konkurrent bei der Lösung der jüdischen Frage – der internationalistische und egalitaristische Kommunismus – haucht vor aller Welt offenbar sein Leben aus. Dem Land einer Revolution, die nicht nur die Ausbeutung des Menschen abschaffen, sondern überdies die Fesseln der Herkunft zerschlagen wollte, kehren die Juden den Rücken, um ins heilige Land auszuziehen.
Und dennoch: die jüdische Geschichte bewegt sich in unserem Jahrhundert nicht simpel zwischen den alternativen Verheißungen, die in den Namen Leningrad und Jerusalem solange symbolisiert waren. Nein, eine dritte Größe existiert, die aus

dem Antagonismus des Saeculums siegreich hervorgegangen ist – die Instanz des demokratischen Universalismus, der ethnische Differenzen anerkennt, um sie politisch zu neutralisieren. Vom politischen Ethos der Vereinigten Staaten Amerikas ist die Rede, das geschichtsmächtige Wirkungen auch und gerade für die Juden gezeitigt hat und zeitigt.
Nicht Israel, sondern die USA sind das primäre Einwanderungsland für Juden gewesen, die einem antisemitisch aufgeladenen, seine Bewohner dem sozialen Elend ausliefernden Osteuropa entfliehen wollten. Sicherlich, der Zugang zur politischen Sphäre Amerikas war anfänglich den Immigranten früherer Einwanderungswellen vorbehalten, den weißen und protestantischen Angelsachsen. Doch hat sich deren in Ancienität und früh erworbenem Reichtum begründetes Herrschaftsprivileg im Gang geschichtlicher Zeit verallgemeinert. So sehr also die Sphäre des Politischen ethnisch und schichtspezifisch besetzt gewesen sein mag und weiterhin ist, so gilt jedenfalls das Versprechen, das sich innerhalb der imperialen Republik jedermann – unangesehen seiner Herkunft – dem »pursuit of happiness« verschreiben kann. Für die Juden verkörperten die USA so etwas wie ein zweites Jerusalem, ein Jerusalem, das auf der Universalität der Menschenrechte basiert. Diese Rechte sind der einzige Schutz, den das amerikanische Gemeinwesen allen und mithin auch seinen jüdischen Staatsbürgern garantiert.
Wie bereits angedeutet, begegneten die zionistisch gesonnenen Juden dem Universalismus um die Jahrhundertwende mit großer Skepsis. Sie verwiesen auf die Abstraktheit der Rechtsprinzipien und hatten Anlaß zur Sorge, daß die bürgerliche Gesellschaft im Fall der Fälle atavistisch in die Residuen von Barbarei zurückfallen werde. Selbst der Rückbezug auf die Totalität der Ethnie war nicht auszuschließen, hatte die Zivilisierung ihren wölfischen Charakter doch nicht wirklich angetastet. Ein solcher Kultur-, besser wohl: Zivilisationspessimismus warf mit der Dreyfus-Affaire seine Schatten in die Zukunft voraus und fand sich in unvorhergesehener und faktisch auch gar nicht vorherzusehender Weise durch den Nationalsozialismus entsetzlich verifiziert. Wohlgemerkt, nicht in den USA, sondern

in Europa, in und durch Deutschland wurde der erwähnte Atavismus geschichtliche Tat. Freilich sind auch die USA nicht von Antisemitismus frei gewesen, jedenfalls nicht zu dem Zeitpunkt als die Juden weniger einen Ort des universell verbürgten Strebens nach individuellem Glück suchten denn einen Hort verbürgter physischer Unantastbarkeit. Daß die Barbarei der Ethnie, sekundiert von antisemitischen Weltanschauungen, kein zionistischer Popanz, kein erdichtetes Schreckgespenst, sondern blutige Wahrheit war, duldet jedenfalls keinen Zweifel.

Damit ist die kultur- und ideengeschichtliche Erbschaft benannt, die im Hintergrund einer starren israelischen Position steht, die in besonders exzentrischer Form von der gegenwärtigen Regierung präsentiert wird. Ist die Welt aus Ethnien und egoistischen Partikularismen zusammengesetzt, dann kann Israel sich das negative, universelle Recht nicht nehmen lassen, im Notfalle genauso zu handeln wie alle anderen auch: egoistisch und selbstbezogen. Und der Palästinakonflikt ist seiner Auffassung zufolge der zum Normalzustand versteinerte Notfall. Es gilt sich am Land festzubeißen, es mit Zähnen und Klauen zu verteidigen.

Die verhärtete Haltung der israelischen Regierungsparteien entspringt einerseits dieser negativen Teleologie, andererseits wird sie verstärkt durch den historisch behaupteten Anspruch auf Eretz Israel. Doch dieser Anspruch ist ausgesprochen partikularistisch, ausschließlich dem eigenen Selbstverständnis geschuldet, und steht dem Selbstverständnis der Araber, die als Bewohner des Landes primär mit dem status quo und weniger mit irgendwelchen geschichtlichen Vergangenheiten argumentieren, diametral gegenüber. Zwar findet sich der historisch hergeleitete Anspruch Israels auf das Land auch durch die christliche Selbstlegitimation des Westens gedeckt – unter den Bedingungen der Säkularisation ist ihm aber faktisch die Grundlage entzogen. Tatsache ist, daß in einer arbeitsteilig strukturierten und durch gegenseitige Abhängigkeiten komplex ineinander verschränkten Weltgemeinschaft der status quo größeres Gewicht hat, als partikularistische Veränderungsabsichten und ihre gegebenenfalls metaphysisch belastete Rechtfertigung. Überdies muß die Veränderung territorialer Bestände mit dem Widerstand der autochthonen Bewohner rechnen, was unter Umständen Gewalt und Krieg verheißt. Der status quo bedeutet Frieden – und gerade ihm wird in einer Welt multiplizierter Interdependenz ein hoher Rang eingeräumt. Dementsprechend haben arabische Gebietsansprüche für das säkulare Bewußtsein stärkeres Gewicht, denn der status quo gibt ihnen Recht. Eben diese Legitimität wird auch jüdischer Existenz im Land attestiert, wenn und soweit sie lebendiger Gegenwärtigkeit entspringt und den historischem Unrecht geschuldeten, neuen status quo zu heilen vermag. Freilich wird ihn nur derjenige definitiv heilen können, den die Einsetzung ursprünglich betroffen hatte und der auch weiterhin beabsichtigt, die zwischenzeitlich entstandenen Faktizitäten wieder infrage zu stellen. In Palästina sind dies die Araber, genauer gesagt: die Palästinenser. Die Legitimation des status quo als verbindliche Rechtfertigung des entstandenen wie bestehenden Staates Israel hat Bertrand Russell mit der Bemerkung auf den Punkt gebracht, zwar sei die Geburt des Staates ein Unrecht gewesen, seine Zerstörung wäre jedoch ein weit größeres.

Mit diesen als säkular und universell erachteten Legitimationsfragen verbunden, wenn auch eine Thematik eigenen Rechts, ist die historische Realität des Holocaust an der Wiege des Staates Israel. Daß die Welt den jüdischen Staat in den Grenzen von 1948 achtet und ihm Anerkennung zollt, kann von daher nicht überraschen. Seine mit diesem Datum assoziierte Legitimität wird auf der internationalen Bühne nicht mehr angezweifelt. Ganz anders verhält es sich demgegenüber mit israelischen Ansprüchen, die auf das Jahr 1967 verweisen und aus dem Mythologem des biblischen Landes abgeleitet werden. Hierfür findet Israel weder Verständnis noch legitimierende Anerkennung. Es steht mit solchen Begründungsformen allein. Die Rechtfertigung israelischer Existenz, die das Jahr 1948 bemüht, ist also universell gesichert, obwohl die palästinensische Tragödie, Flucht und Vertreibung der autochthonen Araber, viel eher auf diese Jahreszahl datiert als auf das Jahr 1967, dem Zeitpunkt der anfänglich für vorübergehend gehaltenen

Besetzung. Offenbar reflektiert dies Faktum die Sensibilität der Weltgemeinschaft für die Tragik des jüdischen Schicksals im Kontext des Holocaust: 1948 ist 1945 nahe. Die Staatsgrenzen wurden von Auschwitz gezogen.

Für die Araber, die außerhalb der geschichtlichen Wahrnehmungshorizonte des Westens stehen, dürfte eine derartige Rechtfertigung nicht hinnehmbar sein. Mit den Verbrechen der Nazis hatten sie nichts zu tun, auch wenn sie den Juden nicht gerade freundlich gesonnen waren. An den Geschehnissen waren sie unbeteiligt und das einzige, was ihnen attestiert werden könnte, war eine gewisse Sympathie für die Achsenmächte. Die in ihrer Kultur beschlossenen Denk- und Handlungsformen schließen sie aber von einem Verständnis der Bedeutung aus, die dem Holocaust im westlichen Zivilisationszusammenhang zukommt. Für die Araber handelte es sich um ein, wenn auch großes, Massaker, nicht jedoch um jenen Zivilisationsbruch, den das Ereignis in der Geschichte des Westens versinnbildlicht.

Es ist auf die Universalisierung der kulturellen, wissenschaftlichen, technologischen und ökonomischen Potentiale dieser Zivilisation zurückzuführen, daß auch ihre Legitimationskriterien globale Geltung gewinnen. Deshalb konnte es auch zur weltweiten Anerkennung eines Israel in den Grenzen von 1948 kommen. Freilich hat selbst die katastrophische Vorgeschichte der Staatsgründung nach und nach an Bedeutung für deren Legitimation verloren. Später handelte es sich lediglich um die Anerkennung des gewachsenen status quo, der spezifisch historischer Begründungen nicht mehr bedurfte. Was dann noch gilt, ist die besagte lebendige Gegenwärtigkeit, die nun – nach dem Golfkrieg – selbst die Araber gegenzuzeichnen scheinen.

Über eine elaborierte Philosophie, die ihre Politik instruieren würde, verfügt die gegenwärtige israelische Regierung nicht. Die sie konstituierenden Parteien tragen lediglich den zitierten Anspruch auf das »ganze Land« plakativ vor sich her. Ergänzt wird dies rhetorische Instrumentarium durch die negative Geschichtsteleologie, die – aus den dargestellten Gründen – mit einer Katastrophe rechnet, die den Juden in der Diaspora jederzeit droht. Sicherlich verarbeitet diese Geschichtsphiloso-

phie grauenhafte Erfahrungen der Vergangenheit, sie korrespondiert ohne Frage auch psychischen Befindlichkeiten der Juden in der post-Holocaust Ära, doch treibt sie in ihren praktischen Schlußfolgerungen ein substantielles Problem hervor: Israel ist der geschichtlichen Mission, die es sich auferlegt, einfach nicht gewachsen. Der Sicherheit, die Israel sich selbst und den Juden der Diaspora zu verschaffen sucht, haftet eine magische Seite an – wie in einem Münchhausenwunder. Denn die Skepsis und der Pessimismus der nicht-jüdischen Welt gegenüber, unterminiert seine Möglichkeiten, einen Schutz sicherzustellen, der fraglos und unbedingt wäre. Diese Sicherheit ist nicht zu haben, weil Israel objektiv aus geliehener Macht lebt. Und die Quelle dieser Macht ist gegenwärtig und auf absehbare Zeit das Wohlwollen der USA. So bleibt Israel von dieser Welt und von jener Zivilisation abhängig, als deren Rettungsboot es sich versteht. Dieser Widerspruch – Reaktion auf eine Welt von Gemeinwesen zu sein, die sich im Fall aller Fälle auf die Totalität der Ethnie zurückziehen werden, und gleichzeitig doch in der Abhängigkeit von ihrer universellsten Variante, den USA, zu existieren, wird bei bestem Willen nicht aufzulösen sein.
Bedacht werden sollte überdies, daß die USA langfristig nicht werden bleiben können, was sie heute noch sind. Nicht, daß auf einen globalen Machtverfall der Vereinigten Staaten spekuliert würde – solche Prophezeihungen mögen in historischen Dimensionen zutreffen, sind jedoch, auf die Lebensdauer einer politischen Generation bezogen, kaum von Bedeutung. Es sind andere Verschiebungen, die im Verhältnis der USA zu Israel Wirkungen zeitigen werden. So verändert sich innerhalb der USA die ethnische Komposition der Bevölkerung. Zum einen tritt jene Generation ab, die entweder den Zweiten Weltkrieg miterlebte oder von der Erinnerung an den Holocaust zutiefst geprägt worden ist; zum anderen schieben sich »Minderheiten« in den Vordergrund der politischen Kultur und des gesellschaftlichen Interesses, die schon wegen ihrer Herkunft ein weniger ausgeprägtes Verständnis für die historische Not der Juden aufbringen können. Auch das politische Bewußtsein der amerikanischen Juden verändert sich. Zweifellos üben sie sich in Solidarität mit dem jüdischen Staat. Solch ethnisch begrün-

dete Loyalität gerät im übrigen auch gar nicht in Gegensatz zur patriotischen Pflicht des amerikanischen Staatsbürgers seinem Gemeinwesen gegenüber. Sie gehört vielmehr zum Selbstverständnis der USA, wo irischstämmige US-Bürger etwa Einverständnis mit dem Kampf ihrer in Nordirland bombenden Landsleute öffentlich bekunden können, ohne daß sich die Behörden oder andere Organe bemüßigt fühlen, dabei besondere Rücksichten auf den britischen Bündnispartner zu nehmen. Ob die amerikanischen Juden sich allerdings weiterhin für ein Israel aussprechen, dessen Politik die Menschenrechte ständig verletzen würde, erscheint fraglich. Zu sehr sehen die Juden Amerikas gerade in jenen Rechtsformen ihren letzten Schutz – auch wenn sie voller historisch begründeter Skepsis sind und dem Mißtrauen auch mit ihrer Solidarität zum Staat Israel einen konkreten Ausdruck verleihen.
Die Regierung Israels steht jedenfalls vor einer für sie dramatischen Alternative. Entweder kommt sie den Erwartungen, Maßgaben und Forderungen der durch die USA angeführten Weltgesellschaft nach, gibt also die besetzten Gebiete auf – ein für viele Israelis traumatischer Akt – oder sie klammert sich starr ans ideologische Glaubensbekenntnis vom »ganzen Land«, widersetzt sich also dem Druck des internationalen Konsens – mit allen sich daran knüpfenden Folgen der Isolation. Die Politik des bedingungslosen Festhaltens an den besetzten Gebieten dürfte sich deshalb als eine »no win«-Position erweisen. Für diejenigen, die Hoffnungen in den Friedensprozeß und in einen historischen Kompromiß zwischen Israel und den Arabern gesetzt haben, kann diese Situation demgegenüber zu einer Quelle der Beruhigung werden.
Auf die neue, durch das Ende des Kalten Krieges herbeigeführte, anläßlich des Golfkrieges verfestigte und mittels der erklärten arabischen Verhandlungsbereitschaft sich revolutionierende Konstellation im arabisch-israelischen Konflikt, wird die israelische Regierung vermutlich mit einer Strategie des Zeitgewinns reagieren. Die israelische Zusage, sich dem amerikanisch vermittelten Procedere anzuschließen, ist vorerst nur ein Teil dieser Strategie. Denn sie setzt recht eigentlich auf einen neuerlichen Wandel in der Welt, auf eine Stornierung

der Friedensgespräche. Die politische Klasse in Israel hat bislang den Epochenwechsel in der internationalen Politik und seine Folgerungen für die israelische Situation noch nicht abgeklärt. Man bewegt sich in Verhaltensmustern, die den israelischen Politikern aus der Epoche des Kalten Krieges und der Blockkonfrontation geläufig sind. Daß man dies Verhalten, einem pawlowschen Reflex vergleichbar, neuerlich an den Tag legt, ist eigentlich nicht verwunderlich. Immerhin konvergiert die bisherige Existenzdauer des jüdischen Staates ja faktisch mit der Zeit des Kalten Krieges. Immer wieder ergaben sich während dieser vierzig Jahre Nischen und Ausweichlagen, die Konflikte andernorts herbeigeführt hatten. In deren Ereignisschatten suchte man Zuflucht, darauf aus, im Kontext übergeordneter Konfrontationen konjunkturelle Erschwernisse zu überstehen. Bestand doch die für den Sicherheitsrat der Vereinten Nationen immer hohe Wahrscheinlichkeit, entweder in den Genuß des Vetos der einen oder eines blockierenden Vetos der anderen Seite zu kommen. Heute greift das Kalkül aber nicht mehr. Bestenfalls kann Israel sich glücklich schätzen, daß es die USA sind, die den Friedensprozeß anleiten. Sie gedenken es Israel relativ leicht zu machen, im Prozeß der Verhandlungen vormalige Positionen zu modifizieren. Würden sich die USA, enttäuscht von ihrer eigenen Initiative, aber zurückziehen, könnte ein beliebiger Staat oder eine beliebige Staatengruppe von sich aus das Forum der UN nutzen, um in der Palästinafrage tätig zu werden. In einer solchen Situation könnten die inaktiv gewordenen USA sich darauf versteifen, keinen Finger für Israel krumm oder vielmehr während einer Abstimmung gerade zu machen, sollte allein durch ihr Veto eine Initiative anderer blockierbar sein. Doch weiß Israel und die Welt, daß allein die USA eine Friedensregelung im Nahen Osten einzuleiten und durchzusetzen vermögen. Folglich will, ja kann die israelische Regierung die Vereinigten Staaten nicht enttäuschen. Sie ist zu abhängig von der Unterstützung Amerikas, um den ungeliebten Frieden wirklich zu verweigern. James Baker mußte das Ja-Wort zur Konferenz bekommen.

Die voraussehbaren Komplikationen des jetzt anberaumten Friedensprozesses können hier nicht im Detail diskutiert wer-

den. Einige wesentliche Merkmale lassen sich aber benennen: die israelische Regierung wird versuchen, die Erschwernisse, die sie der Einberufung einer regionalen Friedenskonferenz in den Weg legte und die sich vor allen Dingen im Procedere niederschlugen, in den Verhandlungsgang zu implantieren. Solche Verzögerungen werden im Laufe bereits erfolgender Verhandlungen allerdings immer schwerer zu erwirken sein, zumal die arabischen Staaten die größte Barriere beseitigt haben, die in der Vergangenheit alle Anstalten, Sachfragen anzugehen, bereits an der Form hat scheitern lassen. Die Weigerung Israel anzuerkennen, die mit dem jüdischen Staat zu führenden Verhandlungen nicht direkt, sondern über internationale Instanzen zu vermitteln, wurde zurückgezogen. Demgegenüber beharrten israelische Regierungen bis dato nicht zu unrecht auf direkten Gesprächen zwischen Israel und den arabischen Staaten, was sie im übrigen in der Hoffnung taten, daß die Araber zu einem derartig fundamentalen und eine Wende im Konflikt ankündigenden Schritt nicht bereit seien. Die arabischen Staaten wiederum erwarteten vor möglichen Verhandlungen, die eine Anerkennung des jüdischen Staates in Aussicht gestellt hätten, eine Bereitschaft oder Zusage Israels, die 1967 besetzten Gebiete zu räumen. So standen sich die prinzipielle Frage der Anerkennung, die auf das Gründungsjahr Israels 1948 verweist und der territoriale Konflikt von 1967 gegenüber, ja sie blockierten sich gleichsam gegenseitig. Die hochkomplizierte Palästinafrage im engeren Sinne stand dabei noch gar nicht auf der Tagesordnung.
Nun war in der Tat nicht einsehbar, warum Israel die 1967 im Kriegsverlauf besetzten Gebiete wieder an ihre arabischen Hoheitsträger übergeben sollte, wenn es von ihnen nicht einmal als politisches Gemeinwesen anerkannt würde. Daß die arabischen Staaten beabsichtigten, den Konflikt um die bloße Existenz Israels weiter fortzusetzen, war die einzig zulässige Interpretation ihrer politischen Vorgaben. Den Konflikt von 1967 vor demjenigen des Jahres 1948 bereinigen zu wollen, d. h. die Anerkennung Israels mit Konditionen zu befrachten, die die Lösung des Ursprungskonflikts um Palästina voraussetzten, bedeutete angesichts der inzwischen historisch gewordenen

Entwicklung im Konflikt, sich um die Möglichkeit zu bringen, jene mit dem Jahre 1967 verbundenen Territorien überhaupt wiederzuerlangen. Territorien wohlgemerkt, über deren Status die UN-Resolution 224 Aussagen macht, die international, arabisch und israelisch, konsensfähig waren.
Diese Selbstlähmung der Araber kann nunmehr als durchbrochen gelten. Die arabischen Staaten, vor allem aber das in diesem Zusammenhang so wichtige Syrien, haben sich bereit erklärt, ein Procedere hinzunehmen, in dem sich die Parteien gleichberechtigt und ohne – jedenfalls direkte und offizielle – internationale Vermittlungsinstanzen gegenübersitzen. Die arabischen Staaten bestehen also nicht mehr darauf, die Frage der Anerkennung Israels und damit die Konkursmasse des Krieges von 1948 zu einem Tauschobjekt zu machen. Insofern ist es Israel bereits im Vorfeld der Konferenz gelungen, den Krieg, der zur Durchsetzung seiner Staatsgründung 1948 geführt wurde, auch politisch zu gewinnen. Doch dieser späte Sieg wird von der Regierung nicht in der Weise begangen, wie es ihm eigentlich gebührt hätte. Sie weiß sehr wohl, daß die Araber mit diesem Sprung über den eigenen Schatten den Vorbehalt aufgegeben haben, über die 1967 in israelische Hand gefallenen Territorien niemals zu verhandeln. Einer Regierung, der die arabische Anerkennung letztendlich egal sein dürfte und die, wäre sie auf sich allein gestellt, Frieden nur mit Frieden vergelten würde – liegt ihr doch an der Inbesitznahme jener Gebiete – muß das arabische bzw. syrische Entgegenkommen daher wie ein Danaergeschenk vorkommen.
Erst mit dem fundamentalen Wandel in der arabischen Position – durch das Ende des Kalten Krieges und den Golfkrieg veranlaßt – hat Syrien, das jedwede Regelung hätte verhindern können, da es ein gesamtarabisches Veto in Händen hielt, die erfolgversprechende Strategie eingeleitet, die 1967 verlorenen Territorien auf diplomatischem Wege zurückzuerhalten. Aber die Territorien scheinen dabei weitaus weniger bedeutsam als die Verhandlungen selbst, die ja auf eine mögliche Beendigung des Konflikts vorausweisen. Hatten die jeweiligen Rückgewinnungsstrategien in der Vergangenheit die Gesamtheit des Konflikts reflektiert, so verlieren die Gebiete nach der grundsätzli-

chen Bereitschaft zu direkten Verhandlungen ihre negative symbolische Bedeutung. Die politische Währungseinheit für den Gesamtkonflikt sind sie nicht mehr. Dadurch, daß im Procedere die existentielle Frage der Anerkennung Israels einfach übergangen und somit stillschweigend als gelöst vorausgesetzt wird, verwandeln sich die Gebiete endlich zu dem, was sie als Gebiete sein sollten: zu etwas Kontrahierbarem.
Die Bereitschaft der Vertragspartner, ohne Vorbedingungen in Konferenzen einzutreten und somit alles als verhandelbar zu betrachten, führt also faktisch zur Lösung der Anerkennungsfrage. Sie bedeutet freilich keine Garantie in der Sache – also der Bereitschaft der israelischen Regierung, besetzte arabische Gebiete aufzugeben. In offiziösen und vor allem in inoffiziellen Verlautbarungen schließt sie solche Szenarien sogar aus. Aber die Regierungsposition zeigt schon Risse in einem zur Glaubensfrage hochgestuften Komplex – und die Bevölkerung ist, wie man weiß, zu weitestgehenden Zugeständnissen bereit. So scheint alles darauf hinauszulaufen, daß sich Israel von den besetzten Gebieten trennen wird.
Daß sich die israelische Regierung – wie immer sie komponiert sein dürfte – trotz der zu erwartenden Widerständigkeit schließlich zum Rückzug bereit finden wird, ist an der Inkohärenz gegenwärtig vorgetragener Argumente abzulesen. So ist sie bestrebt, etwaige palästinensische Vertreter aus Jerusalem mit dem Argument auszuschließen, die bloße Teilnahme könnte israelische Bereitschaften signalisieren, gegebenenfalls auf Jerusalem als einzige und »ewige« Hauptstadt Israels zu verzichten. Daß sie gleichzeitig das Gespräch mit palästinensischen Vertretern aus Westbank und Gaza akzeptiert und dennoch verlautbart, auch hier könne es nur um Autonomie, nicht aber um Territorialverzicht gehen, verrät fundamentale Unentschiedenheiten, was die Stellungnahme zum zukünftigen Schicksal von Westbank und Gaza anbelangt.
Wann sich all dies erfüllen wird, ist offen, zumal die Verhandlungen auf Jahre hin angelegt sind – einem mittelalterlichen Konzil nicht unähnlich. Die USA jedenfalls scheinen ganz auf den Prozeßcharakter und die damit verbundene Langfristigkeit der Verhandlungen zu setzen, was eine der komplexen Na-

tur des Konflikts angemessene, ja kluge Strategie ist. Sie macht deutlich, daß die Absage an ideologische Festlegungen, der Verzicht auf die Gebiete, insbesondere auf die Westbank als Judäa und Samaria, von der Regierung Schamir nicht erwartet wird. Offensichtlich spekuliert das State Departement auf die Nachfolger Schamirs, die sich bei einer etwaigen Räumung der Gebiete darauf werden berufen können, daß bedeutende Vertreter der Gründergeneration die Verhandlungen schließlich begonnen hätten, die sie nur zu ihrem Abschluß führen. Männer wie Yitzhak Schamir, die ein erfolgreiches Ende der Verhandlungen, den Territorialverzicht eingeschlossen, mit ihrer politischen Biographie nicht werden vereinbaren können, mögen sich darauf beschränken, ihn zu eröffnen. Und diejenigen, die an historischer Legitimation zu arm sind, um jenen ersten Schritt überhaupt einzuleiten, die Nachfolgegeneration also, würde, historisch und ideologisch weniger belastet, den Verzicht aussprechen können, ohne sich dem Vorwurf des Verrats auszusetzen.

Vom Friedensprozeß findet sich die PLO heute ausgeschlossen. Damit ist eine israelische Verhandlungsbedingung erfüllt, der sich die arabischen Staaten und insbesondere Syrien, das Schlüsselland nach dem Golfkrieg, nicht mehr widersetzen. Freilich ist das letzte Wort noch nicht gesprochen. Die Lage der PLO ist dennoch zum Verzweifeln. Durch ihre Parteinahme im Golfkonflikt scheint sie den gesamten Kredit verspielt zu haben, der ihr im Laufe von zwanzig Jahren zugewachsen war. Bei den bedeutendsten und für sie existentiell wichtigen, arabischen Nachbarstaaten Israels, wie auch bei ihren ehemaligen Geldgebern am Golf, ist die PLO auf den Nullpunkt gesunken. Dieser Bedeutungsschwund, wenn nicht wirkliche Niedergang der PLO, kann nicht einfach ihrer Parteinahme für Saddam Hussein zugeschrieben werden, obschon sie ein wesentlicher Faktor des politischen Kursverfalls gewesen ist. Die Gründe liegen in Wirklichkeit tiefer. Die PLO und der Kampf der Palästinenser, kurz: die Palästinafrage insgesamt, war in der gesamten arabischen Welt zur hohen Phase des Panarabismus ein Identifikationssymbol. Palästina verkörperte alle Araber und alle Araber sahen sich in Palästina verkörpert. Der

Panarabismus ist aber seit Jahren im Abschwung begriffen. Die Sonderentwicklung Ägyptens unter Sadat war ein erstes Indiz dieser Entwicklung. Auch die panarabische Rhetorik des Syrers Assad wurde durch seine entschieden syrozentrische Politik zunehmend unglaubwürdiger – und schließlich schwankte selbst Saddam Hussein jahrelang, ob er sich zum legitimen Nachfolger Hammurabis, zum panarabisch verstandenen Salah ed-Din oder zum heiligen Krieger des Islam erklären sollte. Die Vernutzung verschiedener Identitätsentwürfe führte am Ende zu ihrer völligen Aushöhlung.
Was sich zuvor nur angekündigt hatte, brachte die Krise am Golf und der anschließende Krieg endgültig an den Tag. Der Panarabismus ist jetzt desavouiert. Araber kämpften gegen Araber – und die PLO stand auf der Seite desjenigen, der ihr vollmundig Palästina versprach, sie aber mit in seine katastrophale Niederlage zog. So scheint sich das Palästinaproblem für die Araber einfach abgenutzt zu haben. Und obschon die Probleme der Palästinenser unter der israelischen Besatzung um keinen Deut einfacher geworden sind – ganz im Gegenteil – sinkt in der arabischen Welt das Interesse an ihrem Schicksal. Zu sehr ist das palästinensische Anliegen mit Jahrzehnten arabischer Zeitgeschichte verbunden, die heute in einem weitaus trüberen Licht erscheinen, als in jenen Jahren der Euphorie.
Aufgrund ihrer Haltung im Konflikt am Golf wurde die PLO innerarabisch regelrecht abgestraft. Ganz im Unterschied zu Jordanien, das sich während der Krise auch nicht gegen Saddam aussprach, doch immerhin Staat genug macht, um weiterhin für die Stabilität der Region bedeutsam zu sein. Des Gebens und Nehmens willen wird es im politischen Schachspiel weiterhin benötigt. Das politische Gewicht der Palästinenser im Verhältnis zu den arabischen Staaten scheint sich demgegenüber wieder ihrer Bedeutung vor dem Jahr 1967 anzunähern. Doch ist eine Lösung der Palästinafrage viel zu wichtig, um sie von Stimmungen der Araber und dem sinkenden Stern der PLO abhängig zu machen. Sie bleibt der Kern des Gegensatzes zwischen Israel und den Arabern.
Gleichwohl stellt die PLO immer noch so etwas dar wie das politische Symbol des palästinensischen Begehrens nach Unab-

hängigkeit. Ihre Verwurzelung in der Bevölkerung der besetzten Gebiete und die erworbene Legitimation dürfte heute zwar nicht mehr ausreichen, um allein auf sich gestellt für die Palästinenser sprechen zu können. Eindrucksvoll demonstrieren, daß ihr definitiver Ausschluß mit einem unkalkulierbaren Widerstand beantwortet würde, der den Gesamtprozeß zum Erliegen brächte, kann die PLO jedoch allemal. Im Interesse an einer friedlichen Lösung des Problems wäre es daher ausgesprochen unklug, den Friedensprozeß ohne die palästinensische Befreiungsorganisation in Gang bringen zu wollen.

Würde sie politisch neutralisiert und träte die durch die PLO geprägte Generation von Palästinensern mitsamt ihres historischen Erfahrungsschatzes ab, dann dürften islamische Kräfte die Oberhand gewinnen. Überflüssig zu betonen, daß der politische Islam in der Palästinafrage keinen Konflikt zwischen zwei kompromißfähigen Parteien sähe, sondern eine unversöhnliche Kontroverse zwischen Gläubigen und Ungläubigen.

Die PLO ihrerseits wäre sicherlich gut beraten, in der Anfangsphase der Verhandlungen und als Mitglied einer das palästinensische Profil niedrighaltenden, jordanisch-palästinensischen Delegation zurückzustecken. Sie sollte die Repräsentanten der besetzten Gebiete in den Vordergrund rücken. Werden in den Verhandlungen dann Fortschritte erzielt – und bei solchen Fortschritten kann es sich zunächst nur um prozedurale Fragen drehen – wird sich das palästinensische Element und somit die PLO ihrem wirklichen Gewicht entsprechend stärker ins Spiel bringen können.

Eines jedenfalls dürfte unbezweifelbar sein: die Parteien lassen sich auf einen Verhandlungsprozeß ein, der in der langen Geschichte des Konflikts schon als solcher eine signifikante Wende markiert. Sein definitiver Ausgang bleibt gleichzeitig in hohem Maße unbestimmt und offen. Fest steht nur, daß die Parteien in ihrem Wunsch, Frieden herbeiführen zu wollen, übereinstimmen. Durch die Bereitschaft, ohne Bedingungen mit Israel in Verhandlungen zu treten, wurde der jüdische Staat im Prinzip anerkannt – und dies vorab, also nicht erst im möglichen Ergebnis der Konferenzen. Israel wiederum läßt sich auf ein Verfahren des Gebens und Nehmens ein. Somit verabschiedet die israelische Regierung implizite ihr vormalig kategorisches Nein in der Territorialfrage.

Die äußerste Rechte in der Regierung warnt dementsprechend vor einer amerikanischen Falle. Wer sich in einem derartigen Prozeß engagiert – so meint sie realistisch – werde den angestoßenen Gang der Dinge nicht beliebig stoppen können. Ginge es etwa darum, sich unannehmbar erscheinenden Forderungen zu entziehen, läuft die Regierung Gefahr, für ein eventuelles Scheitern der Gespräche mit allen daran geknüpften Konsequenzen verantwortlich gemacht zu werden. Verhandlungen haben nun einmal ihre eigene Dynamik. Stehen bestimmte Differenzen erst einmal auf der Tagesordnung, verlieren sie ihre prinzipielle und existentielle Bedeutung. Sie werden Verhandlungsmasse und vertraglich quantifizierbar. Dies ist der vorläufige Erfolg der amerikanischen Politik, erzielt auf der geschichtlichen Folie zweier Kriege, die jetzt beendet sind: des Kalten Krieges zwischen West und Ost und des heißen Krieges am Golf.

Verhandlungen, die auf derart lange Zeiträume angelegt sind und bei denen das Delegationspersonal der Anfänge kaum mit demjenigen des Abschlusses kongruent sein dürfte, lassen alle involvierten Parteien auf eine Größe spekulieren, die zu ihren Gunsten arbeiten soll – die Zeit. Dieser Faktor hat bekanntlich viele Gesichter. In Israel jedenfalls werden fortgesetzte Verhandlungen auch innenpolitisch erhebliche Veränderungen, insbesondere wohl Verschiebungen in der Parteienlandschaft, nach sich ziehen. Es ist kaum vorstellbar, daß die bestehenden Blöcke in ihrer gegenwärtigen Gestalt den mit den Verhandlungen geforderten Wandel werden überstehen können. Eher wird es in den jeweils spannungsgeladenen und am Rande des Abbruchs stehenden Phasen der Verhandlungen zu neuen parteipolitischen Formationen kommen. So ist vorstellbar, daß die Arbeiterpartei, zumindest Teile von ihr, sich gegen eine Aufgabe oder Teilaufgabe der Golan-Höhen sträuben wird, während der Likud, der die Territorialfrage aus ideologischer Warte beurteilt, sich hinsichtlich der Golan-Höhen nachgiebiger verhalten könnte als die augenblickliche Oppositionspartei – um dann allerdings umso stärker auf der Westbank zu bestehen.

Auch die Palästinenser dürfte der Prozeß nicht auf Rosen betten. Obschon sie ihr Problem für eine Territorialfrage halten, dementsprechend die Rückgabe der 1967 besetzten Gebiete sowie die Etablierung eines palästinensischen Staates einklagen, wird die Forderung unmittelbar nicht einzulösen sein. Selbst die prinzipielle Bereitschaft der israelischen Regierung zu einem Territorialverzicht wäre in der gegenwärtigen Konstellation kaum zu erwirken. Den Palästinensern ist am ehesten geholfen, wenn sie im Prozeß so viele Einzelforderungen als möglich realisieren könnten, die Gestaltung des »Endzustandes« zwar in ihrem Sinne formulieren, sich aber Zwischenschritten nicht verschließen, die verschiedene Interpretationen zulassen. Wegen der Komplexität ihrer Natur und der schier unüberbrückbaren Gegensätze gilt es die Konfliktlösung als einen nach vornehin unentschiedenen Vorgang anzusehen, um das jeweils Beste aus ihm für sich zu machen.

Dan Diner, geboren 1946, lehrt Geschichte an der Universität Essen und an der Arianne School of History der Universität Tel Aviv.

Rotbuch Taschenbuch

CLAUS LEGGEWIE · MULTIKULTI
Spielregeln für die Vielvölkerrepublik

Das Schöne an den Fremden ist ja, daß sie uns bereichern: indische Küche, arabische Bauchtanztherapie, karibische good vibes, Saltimbocca alla Romana und fernöstliche Weisheit. Aber bitte ohne islamische Fundamentalisten, libanesische Heroinmafia und türkische Jugendbanden, Wirtschaftsasylanten aus dem Osten und Virusträger aus dem Busch! Einwanderungsdeutschland in *United Colours*? Wer sich befreunden will, der muß sich erst einmal befremden lassen.

Rotbuch Taschenbuch 28

ANDRÉ GORZ · UND JETZT WOHIN?
Zur Zukunft der Linken

Der Zusammenbruch des Kommunismus hat endlich die europäische Spaltung beseitigt. Doch die Linke ist desorientiert: von den Warschauer oder Prager Bürgerrechtlern bis zu den ehemaligen italienischen Kommunisten, von den deutschen Sozialdemokraten bis zu den Grünen und Bürgerbewegten östlich wie westlich der Elbe. André Gorz, der libertäre Philosoph sozialer Freiheit, skizziert den Horizont einer möglichen ökosozialen Reformpolitik. Otto Kallscheuer pointiert die Alternative: Hat jetzt der Nationalismus die soziale und ökologische Frage wieder abgelöst? Oder wird es eine zivile Republik Europa geben?

Rotbuch Taschenbuch 36

GERD GRÖZINGER (HG.) · RECHT AUF SUCHT?
Drogen Markt Gesetze

Behauptet George Bush, noch wichtiger als der Klimaschutz sei der nationale und internationale Kampf gegen die Drogen, übertreibt er medienwirksam. Richtig bleibt aber, daß der Drogenkonsum schon lange kein Problem subkultureller Minderheiten mehr ist. Der Ansatz, die Rauschmittelflut in westlichen Industrienationen mit polizeilichen und strafrechtlichen Mitteln einzudämmen, ist in die Defensive geraten. Gerade Ökonomen wissen, daß ein Drogenmarkt mit einem geschätzen Volumen von 500 Milliarden Dollar jährlich durch kriminologische Strategien nicht in den Griff zu bekommen ist. Deshalb plädieren sie für eine Legalisierung der Drogen. Selbstverständlich erheben die Gegner von Legalisierungsvorstößen ihrerseits bedenkenswerte Einwände. Doch in den Zeiten höchster Not ist der Mittelweg der Tod.

Rotbuch Taschenbuch 54